AF299684

CATALOGUE

DES LIVRES

ET

ESTAMPES

DU CABINET

DU R. P. FABRE,

PRESTRE DE L'ORATOIRE,

Dont la Vente se fera en la maniere accoutumée, dans une des Salles du Couvent des R R. P P. Augustins, le Lundy 17 Juin 1754. & jours suivans.

A PARIS,

Chez MUSIER, Quay des Augustins, à l'Olivier.

M. DCC LIV.

LA VENTE des Livres du R. P. FABRE, Prêtre de l'Oratoire, commencera Lundy 17 Juin 1754. & jours fuivans, depuis deux heures de relevée jufqu'au foir, en une des Sales du Couvent des R. R. P. P. Auguftins. Les Livres feront expofés dans l'ordre qui fuit.

LUNDY 17 Juin.

Theologie, *p.* 1. du Cat. depuis le N°. 1. jufqu'au N°. 54. incluf.

Jurifprudence, *p.* 27. du Cat. depuis le N°. 320. jufqu'au N°. 326. incluf.

Sciences & Arts, *p.* 30. du Cat. depuis le N°. 358. jufqu'au N°. 366. incluf.

Belles-Lettres, *p.* 35. du Cat. depuis le N°. 414 jufqu'au N° 427. incluf.

Hiftoire, *p.* 43. du Cat. depuis le N°. 510. jufqu'au N°. 542. incluf.

MERCREDY 19 Juin.

Theologie, *p.* 10. du Cat. depuis le N°. 108. jufqu'au N°. 160. incluf.

Jurifprudence, *p.* 28. du Cat. depuis le N°. 333. jufqu'au N°. 338. incluf.

Sciences & Arts, *p.* 32. du Cat. depuis le N°. 377. jufqu'au N°. 387. incluf.

Belles-Lettres, *p.* 37. du Cat. depuis le N°. 448. jufqu'au N°. 463. incluf.

Hiftoire, *p.* 48. du Cat. depuis le N°. 576. jufqu'au N°. 610. incluf.

MARDY 18 Juin.

Theologie, *p.* 5. du Cat. depuis le N°. 55. jufqu'au N. 107. incluf.

Jurifprudence, *p.* 27. du Cat. depuis le N°. 327. jufqu'au N°. 332. incluf.

Sciences & Arts, *p.* 31. du Cat. depuis le N°. 367. jufqu'au N°. 376. incluf.

Belles-Lettres, *p.* 36. du Cat. depuis le N°. 428. jufqu'au N°. 447. incluf.

Hiftoire, *p.* 45. du Cat. depuis le N°. 543. jufqu'au N°. 575. incluf.

VENDREDY 21 Juin.

Theologie, *p.* 14. du Cat. depuis le N°. 161. jufqu'au N°. 214. incluf.

Jurifprudence, *p.* 28. du Cat. depuis le N°. 339. jufqu'au N°. 344. incluf.

Sciences & Arts, *p.* 32. du Cat. depuis le N°. 388. jufqu'au N°. 396. incluf.

Belles-Lettres, *p.* 39. du Cat. depuis le N°. 464. jufqu'au N°. 477. incluf.

Hiftoire, *p.* 52. du Cat. depuis le N°. 611. jufqu'au N°. 641*. incluf.

SAMEDY 22 *Juin.*	MARDY 25 *Juin.*
Theologie, *p.* 18. du Cat. depuis le No. 215. jusqu'au No. 267. incluf.	Theologie, *p.* 22. du Cat. depuis le N°. 268. jusqu'au N°. 319. incluf.
Jurifprudence, *p.* 29. du Cat. depuis le No. 345. jusqu'au No. 351. incluf.	Jurifprudence, *p.* 29. du Cat. depuis le N°. 352. jusqu'au N°. 357. incluf.
Sciences & Arts, *p.* 33 du Cat. depuis le No. 397. jusqu'au No. 405. incluf.	Sciences & Arts, *p.* 34. du Cat. depuis le N°. 406. jusqu'au N°. 413. incluf.
Belles - Lettres, *p.* 40. du Cat. depuis le No. 478. jusqu'au No. 495. incluf.	Belles - Lettres, *p.* 41. du Cat. depuis le No. 496. jusqu'au No. 509. incluf.
Hiftoire, *p.* 55. du Cat. depuis le N°. 642. jusqu'au N°. 679. incluf.	Hiftoire, *p.* 58. du Cat. depuis le No. 680. jusqu'au N°. 710. incluf.

La Vente des Eftampes fe fera à la fuite de celle des Livres, le Mercredy 26 Juin & jours fuivans.

CATALOGUE

DES

LIVRES.

THEOLOGIE.

ECRITURE SAINTE.

Nº. Iblia Sacra Vatabli. *Lutetia.* 1545.
1. 2 *vol. in-8.* — — — — — — — 3^{tt} 1

2. Bible Latine & Françoise,
avec des notes pour l'intelli-
gence des endroits les plus difficiles ; par
Isaac de Sacy. *Paris.* 1717. 4 *vol. in-fol.* 21 6

3. La même avec de courtes notes. *Paris.* 1711.
16 *vol. in-12.* — — — — — — 19 5

4. La Sainte Bible Latine & Françoise de la
traduction du P. Carrieres, avec les notes
& dissertations du Pere Dom Calmet & de
l'Abbé de Vence. *Paris,* 1748. & *suiv.* 14
vol. in-4. fig. — — — — — — 111

5. Novum Testamentum Græcè & Latinè, cum
Desiderii Erasmi interpretatione. *Paris*
Stephanus. 1551. 2. *vol. in-16.* — — — 3 1

A

6. Novum Teſtamentum Græcum. *Coloniæ* 1647. 1 *vol. in-*32.

7. Le Nouveau Teſtament de J. C. traduit en françois avec le grec & le latin. *Mons.* 1673. 2 *vol. in-*8.

8. Novum Jeſu-Chriſti Teſtamentum cùm notis Henrici Holdeni. *Pariſiis.* 1660. 2 *vol. in -* 12.

9. Nouveau Teſtament traduit par le Pere Amelote. *Paris.* 1688. 2 *vol. in-*4.

10. Le Nouveau Teſtament en françois. *Paris* 1704. 2. *vol. in-*24.

11. Le Nouveau Teſtament de J. C. ſelon l'edition de la Vulgate, avec les differences du Grec. *Mons* 1667. 1 *vol. in -* 16.

12. Défenſe des verſions de l'Ecriture Sainte, des Offices de l'Egliſe & des Ouvrages des Saints Peres. *Cologne* 1688. 1 *vol. in-*12.

13. La Lecture de l'Ecriture Sainte contre les Paradoxes extravagans & impies de Mallet dans ſon livre de la lecture de l'Ecriture Sainte en langue vulgaire, par Ant. Arnaud. *Anvers* 1680. 1 *vol. in-*8.

14. Défenſe de la traduction du Nouveau Teſtament imprimé à Mons, contre les Sermons du P. Maimbourg. *Cologne* 1668. 1 *vol in-*12.

15. Nouvelle défenſe de la traduction du Nouveau Teſtament imprimé à Mons. *Cologne* 1682. 2 *vol. in-*12.

16. Inſtructions ſur la Verſion du Nouveau Teſtament imprimé à Trévoux, par Jacq. Ben. Boſſuet. 1702. 2 *vol. in-*12.

17. Grammaire ſacrée, ou regle pour entendre le ſens litteral de l'Ecriture Sainte, par Huré. *Paris* 1707. 1 *vol. in-*12.

18. Regles pour l'intelligence des Saintes Ecri-

tures par M. Dasfeld. *Paris* 1716. 1 vol.
in-12.

19. La Genese traduite en françois avec l'ex-
plication du sens litteral & du sens spiri-
tuel. *Paris* 1711. 2 vol. *in-8.*   2

20. Explication du livre de la Genese par
Mrs. Dasfeld & Duguet. *Paris* 1732. 6
vol. *in-12.*   7   7

21. La Genese en latin & en françois, avec une
explication du sens litteral & spirituel par
l'Abbé le Merre. *Paris* 1732. 2 vol. *in-12.* 1   10

22. L'Exode & le Lévitique traduit en francois,
avec l'explication du sens littéral & spiri-
tuel. *Paris* 1683. 1 vol. *in-8.*   1   20

23. Tobie, Judith & Esther, traduit en fran-
çois avec une explication tirée des S. S.
Peres. *Paris* 1688. 1 vol. *in-8.*

24. Explication du livre de Job par Mess.
d'Asfeld & Duguet. *Par.* 1732. 3 vol. *in-12.* 4   12

25 Les deux premiers livres des Rois. *Paris*
1674. 1 vol *in-8.*

26. L'Ecclesiastique de Salomon. *Paris* 1681.
1. vol. *in-8.*   2   12

27. Proverbes de Salomon. *Paris* 1672. 1
vol. *in-8.*

28. L'Ecclesiastique traduit en françois. *Paris.*
1684. 1 vol. *in-8.*

29. Liber Psalmorum vulgatæ editionis, cum
notis (de Bellanger.) *Par.* 1729. 1 vol. *in-12.* 1   5

30. Pseaumes de David, traduction nouvelle
selon l'Hebreu & la Vulgate. *Paris* 1678.
1 vol. *in-12.*

31. Les Pseaumes de David, traduction nouvel-
le selon l'Hebreu. *Bruxelles* 1732. 1 vol.
in-12.   1

32. Les Pseaumes traduits sur l'Hebreu, avec

des notes. *Paris* 1739. 1 *vol. in-16.*

33. Le Pſeautier traduit en françois, avec de courtes notes tirées de S. Auguſtin. *Paris* 1664. 1 *vol. in-12.*

34. Cantique des Cantiques. *Paris* 1694. 1 *vol. in-8.*

35. Iſaie traduit en françois. *Paris* 1663. 1 *vol. in-8.*

36. Explication de la Prophetie d'Iſaie ſur l'Enfantement de la Sainte Vierge, par Jac. Benig. Boſſuet. *Paris* 1731. 1. *vol. in-12.*

37. La Verité de l'hiſtoire de Judith par D.B. de Montfaucon. *Paris* 1690. 1 *vol. in-12.*

38. L'Apocalypſe avec une explication, par M. Jacq. Ben. Boſſuet. *Paris* 1689. 1 *vol. in-8.*

39. Explication litterale & nouvelle des Evangiles de S. Matthieu & de S. Marc. *Paris* 1699. 2 *vol. in-8.*

40. Commentaire litteral ſur tous les Livres de l'Ancien & du Nouveau Teſtament, d'Aug. Calmet, avec les nouvelles Diſſertations. *Paris*, 1715. *& années ſuivantes.* 26 *vol. in-4.*

41. Abregé de l'Ancien Teſtament, où l'on a conſervé les propres paroles de l'Ecriture. *Paris* 1738. 3 *vol. in-12.*

42. Abregé de l'hiſtoire de l'Ancien Teſtament. *Paris* 1737. 1 *vol. in-12.*

43. Analyſe des Epitres de S. Paul & des Epitres Canoniques, par le P. Mauduit. 1693. 5 *vol. in-12.*

44. Joan. Steph. Menochii in Sacram Scripturam Commentaria, ex editione Renati Joſephi de Tournemine. *Par.* 1719. 2. *vol. in fol.*

45. Cornelius Janfenius in Evangelia. *Paris* 1688. 1 *vol. in*-4.

Concordances & Critiques Sacrés.

46. Antonii Arnaldi Hiftoria & Concordia Evangelica. *Parifiis* 1660. 1 *vol. in*-12. — 1 4

47. Meditation fur la Concorde de l'Evangile, avec le texte de la Concorde des Quatres Evangeliftes. *Paris* 1730, 3 *vol. in*-12. 2 4 / 4 10

48. Hiftoire du Vieux & du Nouveau Teftament par M. de Royaumont (Nic. Fontaine.) *Lyon* 1683. 1 *vol. in*-12. 0 16

49. Hiftoire de la Vie de J. C. par M. le Tourneux. *Paris* 1737. 1 *vol. in*-16. 0 9

50. Concordantiæ Bibliorum. *Parifiis. de la Noüe* 1635. 1 *vol. in*-4. 7 8

51. Traité de la fituation du Paradis terreftre par Daniel Huet. *Paris* 1691. 1 *vol. in*-12. 1 4

52. Ceremonies & Coutumes des Juifs, par M. de Simonville, (Rich. S mon.) *Paris* 1681. 1 *vol. in*-12. 1 5

53. Traité hiftorique de l'Ancienne Pâque des Juifs, par le P. Bernard Lamy. *Paris* 1693. 1 *vol. in*-12. 2 . 13

54. La Pâque des Juifs. *Paris* 1694. 1 *vol. in*-12.

LITURGIES.

55. Horæ Diurnæ Breviarii Romani. *Parifiis* 1711. 1. *vol. in*-16. 0 12

56. Miffel de Paris, de M. de Noailles. *Paris* 1727. 3 *vol. in*-12. 1 5

57. Breviarium Parifienfe D. de Noailles. *Parifiis* 1700. 4 *volumes in*-12. 1 4

58. Breviarium Parifienfe D. Ch. Guill. de 36 1

Vintimille. *Parisiis* 1736. 4 *vol. in*-4° *maroq.*

59. Le même. *Par.* 1745. 4 *vol. in*-12. *maroquin noir.*

60. Diurnale Parisiense D. de Noailles. *Parisiis* 1700. 1 *vol. in*-16.

61. Diurnale Parisiense F. Ch. Gasp. de Vintimille. *Parisiis* 1745. 2 *vol. in*-16.

62. Semaine Sainte à l'usage de Rome & de Paris. *Paris* 1712. 1 *vol. in*-16.

63. L'Office du S. Sacrement pour le jour de la Fête & tout l'Octave, en latin & françois, à l'usage de Rome & de Paris. *Paris* 1660. 1 *vol. in*-12.

64. L'Office de Jesus, pour le jour & l'Octave de sa Feste. *Paris* 1673. 1 *vol. in*-8.

65. Officia propria Congregationis Oratorii Domini Jesu. *Parisiis* 1715. 1 *vol. in*-12.

66. Officia propria Ecclesiæ Parochialis Dominæ Nostræ Virtutum. *Parisiis* 1736. 1 *vol. in* 12.

67. Traité historique de la Liturgie Sacrée ou de la Messe, par Bocquillot, *Paris* 1701. 1 *vol. in*-8.

68. Explication litterale, historique & dogmatique, des Prieres & Ceremonies de la Messe par le P. le Brun. *Paris* 1726. 4 *vol. in*-8.

69. Défense de l'ancien sentiment sur la forme de la Consécration de l'Eucharistie, ou réponse à la réfutation publiée par le P. Bougeant Jésuite, par le P. le Brun de l'Oratoire. *Paris* 1727. 1 *vol. in*-8. broché.

70. Le Tableau de la Croix representé dans les Cerémonies de la Messe. *Paris* 1 *vol. in*-8. *fig.*

71. L'année Chrétienne contenant les Messes des Dimanches & Fêtes de toute l'année, & une explication de chaque Epître & Evangile par M. le Tourneux. *Paris* 1697 12 *vol. in*-12.

CONCILES.

72. Traité de l'étude des Conciles par l'Abbé Salmon. *Paris* 1724. 1 *vol. in*-4.

73. Eclaircissement sur l'Autorité des Conciles Genéraux & des Papes. 1711. 1 *vol. in*-8.

74. Traité du celebre Panorme touchant le Concile de Basle, trad. par Gerbais. *Paris* 1697. 1 *vol. in*-8.

75. Sancti & Oecumenici Concilii Tridentini Canones & Decreta. *Coloniæ* 1683. 1 *vol. in*-18.

76. Le Saint, Sacré, Universel & Genéral Concile de Trente. *Paris* 1601. 1 *vol. in*-16.

77. Le S. Concile de Trente, nouvelle traduction par l'Abbé Chanut. *Paris* 1686. 1 *vol. in*-12.

78. Le même. 1687. *in*-12.

79. Actes du Concile de Trente en l'an 1562. & 63. 1 *vol. in*-12

80. Notes sur le Concile de Trente par Rassicod. *Bruxelle* 1711. 1 *vol. in*-8.

81. Mémoire sur la Réception & l'Autorité du Concile de Trente, en France. *Manuscrit in*-4.

82. Decreta Summorum Pontificum post Concilium Tridentinum edita. *Parisiis* 1703. 1 *vol. in*-16.

83. Concilium Romanum, in Lateranensi Ba-

filica anno Jubilæi 1725. habitum. *Bru-xellis* 1726. 1 *vol. in*-8.

S S.　P E R E S.

84. De la Lecture des Peres de l'Eglise. *Paris* 1762. 1 *vol. in*-12.

85. Ouvrages des S. Peres qui ont vécu du tems des Apôtres &c. *Paris* 1717. 1. *vol. in*-12.

86. L'Octavius de Minucius Felix, de la traduction de N. Perrot d'Ablancourt. *Paris* 1646. 1 *vol. in*-12.

87. Apologetique de Tertullien, ou Deffense des Chrétiens contre les Accusations des Gentils ; traduction de M. Gyri. *Paris* 1684. 1 *vol. in*-12.

* 87. Histoire de Tertullien & d'Origene, ou Apologie des Chrétiens par de la Motte. *Paris* 1675. 1 *vol. in*-8.

88. Sancti Cypriani Opera stud. & cum notis Balusii & Bened. *Paris* 1726. 1 *vol. in-fol.*

89. Lettres de S. Jerôme traduites en françois par D. Roussel. *Paris* 1743. 4 *vol. in*-12.

90. Sancti Augustini Opuscula quædam Selecta. *Parisiis* 1726. 3 *vol. in*-12.

91. La Cité de Dieu de S. Augustin, traduite par Lombert. *Paris* 1736. 4 *vol. in*-12.

92. Les Lettres de S. Augustin traduites en françois par Goisbaud Dubois. *Paris* 1718. 6 *vol. in*-12.

93. Deux Traités de S. Augustin, de l'Ordre & du Libre Arbitre, traduits par un Benedictin. *Paris* 1701. 1 *vol. in*-8.

94. Les deux Livres de S. Augustin, de la
Grace

Grace de J. C. & du Péché Originel, tra-
duit sur l'edition des P. Benedict. *Paris*
1738. 1 *vol. in-16.*

95. Les livres de la doctrine chrétienne de S.
Augustin, traduits par un Benedictin. *Paris*
1701. 1 *vol. in-8.* — 2

96. Traduction du livre de S. Augustin de la
Correction & de la Grace, par Arnaud. *Pa-*
ris 1644. 1 *vol. in-12.* — 0 3

97. Le même. *Paris.* 1726. 1 *vol. in-12.* — 1 1

98. Les deux Livres de S. Augustin, de la
Prédestination des Saints, & du Don de la
Persévérance. *Paris* 1715. 1 *vol. in-12.* — 1 10
                                                 1 18

99. Les Commentaires de S. Augustin sur le
Sermon de N. S. sur la montagne. *Paris*
1685. 1 *vol. in-16.* — 2 15

100. Le même. *Paris* 1701. *in-12.* — 2 1

101. Le Livre de S. Augustin de la véritable
Religion, traduit par Arnaud. *Paris* 1720.
1 *vol. in-12.* — 1 3

102. Les six livres de S. Augustin, contre Ju-
lien défenseur de l'Hérésie Pélagienne, tra-
duits en françois sur l'edition des P. B.
Paris 1736. 2 *vol. in-12.* — 3 8

103. Traduction du livre de S. Augustin des
Mœurs de l'Eglise Catholique, par Arnaud.
Paris 1720. 1 *vol. in-16.*

104. Le Livre de S. Augustin, de la Foy, de
l'Espérance & de la Charité, par Arnaud.
Paris 1718. 1 *vol. in-16.* — 2 8

105. Traité de Morale de S. Augustin, pour
tous les Etats. *Paris* 1680. 1 *vol. in-12.* — 2 16

106. Les Confessions de S. Augustin tradui-
tes en françois par Arnaud d'Andilly, avec
le latin à côté. *Paris* 1676. 1 *vol. in-8.* — 3 12

107. Les Confessions de S. Augustin par — 1 3

B

Dubois. *Paris* 1712. 1 *volume in-12.*

108. Regle de S. Augustin pour l'intelligence des Pseaumes. *Paris* 1685. 1 *volume in-12.*

109. Theologie Morale de S. Augustin par E. B. S. M. R. D. *Paris* 1684. 1 *vol. in-12.*

110. Les Soliloques, le Manuel, & les Méditations de S. Augustin; trad. par Antoine Arnault, 1679. 1 *vol. in-12.*

111. La Morale Chrétienne, fondée sur l'amour de Dieu, tirée des Ouvrages de S. Augustin. *Paris* 1677. 1 *vol. in-12.*

112. Les Soliloques de S. Augustin. *Paris* 1711. 1 *vol. in-12.*

113. Maximes Chrétiennes tirées des Lettres de S. Augustin. *Paris* 1734. 1 *vol. in-16.*

114. Sentences & Instructions Chrétiennes tirées de S. Augustin, par Laval. *Paris* 1677. 1 *vol. in-12.*

115. Poëme de S. Prosper contre les Ingrats, trad. en vers par de Sacy. *Paris* 1650. 1 *vol. in-12.*

116. Le même. *Par.* 1726. 1 *vol. in-12.*

117. Traité de S. Jean Climaque, des Dégrès pour monter au Ciel, traduit du grec par Arnaud d'Andilly. *Paris* 1653. 1 *vol. in-12.*

118. Avertissement de Vincent de Lerins, touchant l'Antiquité, l'Universalité & les Mysteres de l'Eglise. *Paris* 1686. 1 *vol. in-12.*

119. Sancti Leonis Magni Papæ Opera omnia, ex editione P. Quesnel. *Paris* 1675. *in-4.*

THEOLOGIE SCHOLASTIQUE.

120 Altération du Dogme Théologique par la Philofophie d'Ariſtote, ou fauſſes idées des Scholaſtiques ſur toutes les matieres de la Religion. par P. Faydit. 1696. 1 vol. in-12.

121 Michaelis Baii Opera, edita à G. Gerberon. *Coloniæ Agrippinæ* 1696. 1 vol. in-4. . . 6   16

122 Défenſe de l'Auteur de la Theologie du Séminaire de Châlons, contre un libelle intitulé Dénonciation de la Theologie de M. Habert. *Paris* 1711. 1 vol. in-12.

123 Difficultés propoſées à Steyaert ſur l'avis par luy donné à M. l'Archev. de Cambray. *Cologne* 1700. 3 vol. in-12.   2   3

124 Ordonnance de l'Archevêque de Reims à l'occaſion de deux Theſes Theologiques ſoutenues aux Jéſuites de la même Ville. *Paris* 1697. 1 vol. in-12. 1 4

125 Recueil de diverſes pieces concernant les Cenſures de la Faculté de Theologie de Paris. *Munſter* 1666. 1 vol. in-12.   1   16

126 Inſtruction Paſtorale de M. l'Evêque de Troyes, au ſujet des aſſertions avancées dans le Journal de Trévoux. *Paris* 1734. 1 vol. in-4. 1 10

127 Sentiment des Facultés de Theologie de Paris, de Reims & de Nantes, ſur une Théſe ſoutenue à N. D. des Ardilliers de Saumur. 1722. 1 vol. in-12. 1 4   1   18

128 Décret de l'Inquiſition de Rome ſur 31 propoſitions. *Cologne* 1 vol. in-12. 10

129 Entretien ſur le Décret de Rome. 1717. 1 vol. in-12.   1   13

Traités sur la Grace, la Prédestination & les Disputes qui s'en sont suivies.

130 Exposition de la Foy Catholique touchant la Grace & la Prédestination. *Mons.* 1 *vol. in-*12.

131 Traité du Libre Arbitre & de la Concupiscence, ouvrage posthume de M. Bossuet. *Paris* 1731. 1 *vol. in-*12.

132 Lettres du Prince de Conti, ou l'accord du libre Arbitre avec la Grace de J. C. *Cologne* 1691. 1 *vol. in-*12.

133 De l'Action de Dieu sur les Creatures, où l'on prouve la Prémotion physique par le raisonnement, par M. Boursier. *Paris* 1714. *in-*4.

134 Instructions sur les Verités de la Grace & de la Prédestination. *Cologne* 1702. *in-*12.

135 Tradition de l'Eglise Romaine sur la Prédestination & la Grace efficace, par Germain. *Cologne* 1687. 2 *vol. in-*12.

136 Renversement de la Doctrine de S. Augustin sur la Grace. 1713. 1 *vol. in-*12.

137 Apologie historique des deux Censures de Louvain & de Douai, sur la Grace par Gery. *Cologne* 1688. 1 *vol. in-*12.

138 Défense des Theologiens contre l'Ordonnance de l'Evêque de Chartres. 1704. 1 *vol. in-*12.

139 De la Grace victorieuse de J. C, ou Molina & ses Disciples convaincu de l'erreur des Pelagiens & Sémipelagiens, par Debonlieu. 1666. 1 *vol. in-*12.

140 Traité de la Confiance Chrétienne, ou

l'ufage légitime des Verités de la Grace.
1731. 1 vol. in-12.

141 Défenfe de la Grace efficace par elle-
même, par M. de la Broue Evêque de
Mirepoix. *Paris* 1721. 1 vol. in-12.

142 De la Nature de la Grace. *Paris* 1739.
1 vol. in-12.

143 Idée du Chriftianifme ou Conduite de
la Grace fanctifiante de J. C. par un fer-
viteur de Dieu. *Rouen* 1691. 1 vol. in-12.

144 Nodus Prædeftinationis, Cardinalis Sfon-
drati. *Coloniæ* 1698. 1 vol. in-8.

145 Hiftoire générale du Janfénifme. *Amft.*
1701. 5 vol. in-12.

146 Hiftoire des cinq Propofitions de Janfé-
nius, par Dumas (Michel le Tellier.) *Lie-
ge* 1700. 2 vol. in-12.

147 Hiftoire abregée du Janfénifme , & Re-
marque fur l'Ordonnance de M. l'Arche-
vêque de Paris. *Cologne* 1698. 1 vol. in-12.

148 Phantôme du Janfénifme. *Cologne* 1687.
1 vol. in-12.

149 Chimere du Janfénifme. *Cologne.* 1687.
1 vol. in-12.

150 Defchamps , De Hærefi Janféniana. *Paris*
1728. 1 vol. in-fol.

151 Hiftoria Congregationum de Auxiliis ,
Aut. le Blanc. *Lovanii.* 1700. 1 vol. in-fol.

152 Hiftoria Congregationum de Auxiliis, Aut.
Lemos. *Lovanii* 1702. 1 vol. in-fol.

153 Queftion propofée à l'occafion des lettres
de l'Archevêque de Cambray au P. Q.
1711. 1 vol. in-12.

154 Regles de l'Equité naturelle. 1717. 1 vol.
in-12.

155 L'Unité, la Vifibilité, l'Autorité de l'E-

glife. *Amsterdam* 1716. 1 *vol. in*-12.

156 Catéchifme hiftorique & dogmatique. *Nancy* 1736. 2 *vol. in*-12.

157 Anecdotes ou Mémoires fécrets. 1730. 3 *vol. in*-12.

158 Mandement de l'Evêque de Marfeille, portant condamnation d'un écrit fous le titre d'explication de N. S. P. le Pape Benoît XIII. 1726. *in*-12.

159 Inftruction pour calmer les fcrupules. 1719. *in*-12.

160 Témoignage de la Verité dans l'Eglife, Differtation Théologique. 1714. 1 *vol. in*-12.

161 Examen pacifique de l'acceptation & du fond de la Bullé Unig. par M. Petit-pied. *Cologne* 1749. 3 *vol. in*-12.

162 L'Eglife de France affligée, par F. Poitevin. *Cologne* 1668. *in*-12.

163 La Paix de Clement IX. par Varet, *Chambery.* 1701. 2 *vol. in* - 12.

164 La même donnée & augmentée par L. P. Q. 1706. 2 *vol. in*-12.

165 Les Imaginaires, par M. de Damvilliers, (P. Nicole.) *Liege* 1667. 2 *vol. in*-12.

166 Projet de réunion des Evêques. *Amft.* 1717. *in*-12.

167 Méthode pacifique. *Liege* 1729. *in*-12.

168 Hiftoire du Cas de Confcience. *Nancy* 1725. 2 *vol. in*-12.

Traités Généraux des Sacremens de l'Eglife, de la Mort, &c.

169 De l'Ufage des Sacremens de Pénitence

& d'Euchariſtie, ſelon les ſentimens des Pe-
res &c. *Paris* 1674. *in-*12.

170 Pratique du Sacrement de Penitence, ou
Méthode pour l'adminiſtrer utilement; par
M. Habert. *Paris* 1728. *in-*12.

171 Le Directeur des Ames Pénitentes. *Paris*
1726. *in* – 12.

172 Le Directeur ſpirituel pour ceux qui n'en
ont point. *Bruxelles in-*16.

173 Inſtructions de S. Charles Borromée aux
Confeſſeurs de ſa Ville. *Paris* 1659. *in-*12.

174 Conduite des Confeſſeurs dans le Tribu-
nal de la Penitence. *Paris* 1738. *in-*12.

175 Dictionnaire des Cas de Conſcience de
Jean Pontas. *Paris* 1730. 3 *vol. in-fol.*

176 Dictionnaire des cas de Conſcience, par
de Lamet & Fromageau. *Paris* 1733. 2
vol. in-fol.

177 Inſtruction de Penitence dédiée à M. la
Ducheſſe de Longueville. *Paris* 1722. *in-*
12.

178 Catéchiſme de la Penitence. *Paris* 1681.
*in-*16.

179 De la Contrition néceſſaire pour obtenir
la rémiſſion des péchez dans le Sacrement
de Penitence. *Lyon* 1678. *in-*12.

180 Traité de l'Amour de Dieu néceſſaire
dans le Sacrement de Penitence ; par M.
Boſſuet. *Paris* 1716. *in-*12.

181 Traité de l'Amour de Dieu néceſſaire
dans le Sacrement de Penitence, ſuivant la
Doctrine du Concile de Trente. *Paris*
1736. *in-*12.

182 Le veritable Penitent ou Apologie de la
Penitence , par D. G. P. *Cologne* 1692.
*in-*12.

183 Les Tableaux de la Penitence, par Godeau. *Paris* 1700. *in-12.*

184 Joannis Opstraet, Dissertatio Theologica de Conversione Peccatoris. *Lovanii* 1714. *in-12.*

185 Instruction & Pratique pour faire saintement la premiere Communion. *Paris* 1735. *in-16.*

186. Tradition de l'Eglise touchant l'Euchariftie. 1659. *in-8.*

187 De la fréquente Communion par M. Arnaud. *Lyon* 1693. 2 *vol.* *in-8.*

188 Très-humbles Remontrances à M. Humbert de Precipiano Archevêque de Malines sur son Décret du 15 Janvier 1695. 1695. *in-12.*

189 Entretien avec J. C. dans le Très-Saint Sacrement de l'Autel, par un Bénedictin. [Dom Maupin.] *Toulouse* 1736. *in-12.*

190 Thesaurus Sacerdotum & Clericorum locupletissimus. *Parisiis* 1673. *in-18.*

191 De la Dévotion à la S. Vierge, & du Culte qui lui est rendu, par Adrien Baillet. *Paris* 1693. *in-12.*

192 Six Lettres d'un Docteur touchant la Religion des Chinois. *Cologne* 1701. *in-12.*

193 Le bonheur de la mort chrétienne, par le P. Quesnel. *Paris* 1708. *in-12.*

194 Les saints désirs de la Mort, du P. Lallemant. *Paris* 1727. *in-12.*

195 Testament Spirituel par le même. *Paris* 1674. *in-12.*

196 Entretien de Dieu avec l'homme ou Moyen de mourir saintement. *Paris* 1693. *in-12.*

Melanges

Mélanges de Théologie.

197 Joannis Francifci Pici Mirandulæ de Concordiâ liber & de Providentiâ Dei , contra Philofophaftros. *in - 12.* 198 Inftructions tirées du Rituel d'Alet. *Paris* 1678. *in-12.* . . . . 1 . 3

199 Abregé de la Loy nouvelle par M *** *Paris* 1727. *in-16.* . . . . 0 . 12

200 Lettre à une Dame de qualité , où l'on examine jufqu'à quel point il eft permis aux Dames de raifonner fur les matieres de Religion. *Paris* 1715. *in-12.* . Dans le même eft joint la captivité de la Mere Angelique de S. Jean, Religieufe de Port Royal defchamps. 1711. . . . . 2 . 3

201 Lettres de M. Arnauld. *Nancy* 1727. 8 *vol. in-12.* . . . . 15 . 5

202 Traité de l'Efpérance Chrétienne. *Par.* 1732. 1 *vol. in-16.* . . . . 0 . 13

203 Lettre de M. Colbert Evêque de Montpellier. *Cologne* 1741. 4 *vol. in-12.* . . . . 3 . 5

204 Mandement de Monfeigneur l'Archevêque de Reims , pour la publication de la Cenfure & de la Déclaration faite le 4 Septembre 1700. *Paris* 1701. 1 *vol. in-8.* . . . . 0 . 14

THEOLOGIE MORALE.

205 Les Regles de la Morale Chrétienne, tirées du Nouveau Teftament par St Bafile le grand. *Paris* 1661. 1 *vol. in-12.* . . . . 0 . 15

205 Morale Chrétienne rapportée aux inftructructions que J. C. nous a donnée dans . 3 . 1

l'Oraison Dominicale par Floriot *Paris 1673.*
1 *vol. in-4.*

5 . 49   207 Le même 1676. *in-4.*

    12   208 Phileremus Palœologus de Oratione Do-
minica. *Parisiis 1673.* 1 *vol. in-12.*

      209 La Morale Chrétienne par Jonas, traduite
par D. Joseph Mege. *Paris 1661.* 1 *v. in-12.*

1 . 13   210 Ludov. Abelly Medulla Theologiæ Mo-
ralis. *Parisiis 1669.* 1 *vol. in-12.*

      211 Traité de la Doctrine Chrétienne & Or-
thodoxe, par Dupin. *Paris 1730.* 1 *vol.
in-8.*

1 . 9   212 Instruction Pastorale de M. l'Archev. de
Tours, (L. J. de Chapt de Rastignac,) sur la
Justice chrétienne. *Par. 1749. in-12.*

0 . 12   213 Journée Chrétienne, où l'on trouvera des
regles pour vivre saintement dans tous les
Etats. *Paris 1721.* 1 *vol. in-12.*

0 . 16   214 Conduite d'une Dame Chrétienne pour
vivre saintement dans le monde. *Paris 1725.*
1 *vol. in-12.*

1 . 6   215 La Regle des Mœurs contte les fausses
Maximes de la Morale corrompue. *Cologne
1692.* 1 *vol. in-12.*

1 . 5   * 215 Traité des Sources de la corruption.
Amsterdam 1700. 1 *vol. in-12.*

1 . 6   216 Les Véritables Sentimens des Jesuites,
touchant le peché philosophique. *Louvain
1690.* 1 *vol. in-16.*

3 . 3 . 217 Les Provincialles, où Lettres écrites par
Louis de Montalte (Blaise Pascal.) à un
Provincial. *Colog. 1657.* 1 *vol. in-12.*

5 . 0   218 Les mêmes. *Holl. 1700.* 2 *vol. in-12.*

5 . 6   219 Les mêmes trad. en lat. par Guillaume
Wendrock (Pierre Nicole) en Espagnol
par Gratien Cordero, & en Italien par Co-

ſimo. Brunetti. *Colog.* 1684. *in-8.*

220 L'Uſure expliquée & condamnée par l'Ecriture Sainte, par le P. Thorentier. *Par.* 1689. 1 *vol. in-12.* — — — — — — — 0   12

221 Sentimens de l'Egliſe & des SS. Peres, pour ſervir de déciſion ſur la Comedie & les Comédiens. *Paris* 1694. 1 *vol. in-12.* — — 0   14

222 Maximes & Reflexions ſur la Comedie, par M. Boſſuet. *Paris* 1728. 1 *vol. in-12.* — — 0   17

223 Les Eſſais de Morale, contenus en divers Traités ſur pluſieurs devoirs importans (par P. Nicole) les Inſtructions Theologiques du même ſur le Decalogue, l'Oraiſon Dominicalle, le Simbole & les Sacremens, Traité de la Priere, les Lettres & la Vie du même. *Paris* 1713. *& ſuiv.* 21 *vol. in-12.*   24   8

224 Les mêmes, &c. *Luxembourg* 1703. *& ſuiv. in-12.* — — — — — /   18   6

225 Le Myſtere de J. C. Crucifié, devoilé par St Paul, (par J. Duguet.) *Amſterd.* 1727. 1 *vol. in-12.* — — — — —   2

226 La Croix de J. C. ou Reflexion ſur J. C. Crucifié, par le même. *Amſterdam* 1727. 1 *vol. in-12.* — — — — — 1   13

227 Explication du Myſtere de la Paſſion de N. S. J. C. ſuivant la Concorde par le mê. *Paris* 1728. 1 *vol. in-12.* — — — 1   5

228 Explication de l'ouverture du côté & de la Sépulture de J. C. ſuivant la Concorde par le même. *Bruxelles* 1731. 1 *vol. in-12.* — 1   0

229 Le Tombeau de J. C. ou explication du Myſtere de la Sépulture ſuivant la Concorde par le même. *Bruxelles* 1731. 1 *vol. in-12.* — — 1   13

230 Explication des qualités ou des caracteres que S. Paul donne à la Charité par le même *Amſterdam* 1727. 1 *vol. in-12.* — — 2   5

CATECHISTES ET SERMONAIRES.

231 Catechisme Historique , contenant en abregé l'Histoire Sainte & la Doctrine Chrétienne par l'Abbé de Fleury. *Paris* 1721. 1 *vol. in*-12.

232 Le Catechisme de Meaux par M. Benigne Bossuet. *Paris* 1698. 1 *vol. in*-16.

233 Catechisme composé par François Amé Pouget par l'ordre de M. Joachim Colbert, Evêque de Montpellier. *Par.* 1707. 3 *vol. in*-12.

234 Le même 1710. 3 *vol. in*-12.

235 Catechismus Concilii Tridentini. *Coloniæ* 1687 1 *vol. in*-18.

236 Catechisme du Concile de Trente. *Par.* 1686. 1 *vol. in*-12.

237 Le même. *Paris* 1698. 1 *vol. in*-12.

238 Sermons du P. Louis Bourdaloue Jesuite, publiés par le P. François Bretonneau *Paris* 1733. 15 *vol. in*-12.

239 Sermons de M. Jean-Baptiste Massillon, Evêque de Clermont. *Paris* 1745. 12 *vol. in*-12.

240 Sermons du P. Segaud, *Paris* 1750. 6 *vol. in*-12.

241 Panegyriques & autres Sermons de M. Esprit Flechier. *Paris* 1711. 2 *vol. in*-12.

Theologie Mystique & Ascetique , Traité de l'Amour de Dieu & de l'Oraison.

242 Imitation de J. C. divisée en IV. Livres. *Paris* 1699. *in*-12.

243 Imitation de J. C. par le sieur de Beuil

(Louis Iſaac le Maître de Sacy) *Bruxelles*
1708. *in-*24.

244 Imitation de J. C. avec une priere af-
fective à la fin de chaque Chap. par un
Benedictin. *Paris* 1735. *in-*12.

245 Imitation de J. C. avec des reflexions,
Pratique & Priere à la fin de chaque Cha-
pitre. *Paris* 1740. *in-*16.

246 Imitation de J. C. paraphraſée en vers
françois par Pierre Corneille. *Bruxelles*
1704. *in-*12.

247 Introduction à la Vie dévote par S. Fran-
çois de Sales. *Paris* 1709. *in-*12.

248 L'Eſprit de S. François de Sales par M.
P. C. *Paris* 1745. *in-*8.

249 Voye abregée pour aller à Dieu, compo-
ſé en latin par le Cardinal Bona. *Bruxelles*
1685. *in-*12.

250 La Voye étroite du Royaume de Dieu.
Paris. 1678. *in-*12.

251 Le Chemin Royal de la Croix traduit du
latin de Haeften par le P. Didac. *Paris*
1670. *in-*8.

252 Le Combat Spirituel. *Paris* 1681. *in-*12.

253 Dévotion aiſée par le P. le Moine Jeſuite.
Paris 1668. *in-*12.

254 Les Oeuvres de Louis de Grenade ,
Le Mémorial & addition au Mémorial ;
Le Catéchiſme ,
Le Traité de l'Oraiſon ,
La Guide des Pecheurs, trad. de l'Eſpagnol
par Girard. *Paris le Petit* , 1667. *& ſuiv.*
10 *vol. in-*8.

255 Les Emblêmes ſacrées de Gerlac en Al-
lemand. *Heidelberg* 1678. *in-*18.

256 Traité de l'Amour de Dieu par l'Abbé le

Pelletier. *Paris* 1732. *in*-12.

257 L'Amour Pénitent, traduction de *l'Amor Pœnitens* de M. l'Evêque de Caftorie. *Utrecht* 1741. 3 *vol. in*-12.

258 Inftructions Chrétiennes fur la Priere. *Par.* 1728. 2 *vol. in*-12.

259 De la Priere. Entretien fpirituel. *Paris* 1696. *in* 16.

260 Traités fur la Priere publique & les difpofitions pour offrir les Sts Myfteres , &c. *Paris* 1713. *in*-12.

261 Traité fur la Priere publique & fur les difpofitions aux Sts Myfteres par Duguet. *Liege* 1715. *in*-12.

262 Inftructions familieres fur l'Oraifon Mentale en forme de Dialogues. *Paris* 1693. *in*-12.

263 Priere Chrétienne en forme de Méditations fur tous les Myfteres de N. S. *Paris* 1708. 2 *vol. in*-12.

264 Prieres Chrétiennes par le P. Quefnel. *Paris* 1738. *in*.12.

265 Reflexions fur la Mifericorde de Dieu par une Dame Pénitente. (Louife Françoife de la Beaume le Blanc Ducheffe de la Valliere de Vaujour.) *Paris* 1680 *in*-12.

266 Elevation à Dieu fur tous les Myfteres de la Religion Chrétienne. *Paris* 1727. 2 *vol. in*-12.

267 Solique fur le Pfeaume 118 Beati Immaculati , contenant les Heures Canoniales. *Paris* 1685. *in*-12.

268 Homelie ou Paraphrafe du Pfeaume Miferere mei Deus , par le P. Calabre. *Par.* 1740. *in*-16.

269 Elevation à N. S. J. C. fur fa Paffion & fa mort par le P. Q *Paris* 1727. *in*-16.

270 Effufion de cœur uu entretiens fpirituels

d'une ame avec Dieu fur chaque verfets des Pfeaumes & Cantiques de l'Eglife par Dom Morel. *Paris* 1739. 5 *vol. in*-12.

271 Sentimens de pieté par le P. François Timoleon Cheminais. *Paris* 1709. *in*-24.

272 Traité de Pieté par M. Hamon. *Amfterd.* 1727. *in*-12.

273 J. C. Pénitent ou Exercice de pieté. *Par.* 1719. *in*-12.

274 Méditations fur les Evangiles, Ouvrage poft. de M. Boffuet. *Paris* 1731. 4 *vol. in*-12.

275 Penfées pieufes tirées des Reflexions Morale du Nouveau Teftament. *Paris* 1711. *in*-16.

276 Reflexion Chrétienne fur divers fujets de Morale par M. Louis Sebaft. le Nain de Tillemont. 1713. *in*-12.

277 Méditations pour le tems du Jubilé par M. Boffuet. *Paris* 1745. *in*-12

278 La Solide Dévotion du Rofaire. *Paris* 1727. *in*-16.

279 Oeuvres Spirituelles de M. François Salignac de la Mothe Fenelon. 1740. 4 *vol. in*-12.

280 Explication des Maximes des Saints fur la vie interieure par le même. *Paris* 1697. *in*-12.

281 Relation de l'origine du progrès & de la condamnation du Quiétifme répandu en France. 1732. *in*-12.

282 Lettre de M. ** au fujet de la Relation du Quietifme. 1733. *in*-12.

283 Quatre brochures touchant l'affaire de Marie d'Agreda. *Cologne* 1697. *in*-12.

Theologiens Polemiques, Controverſiſtes & Heterodoxes.

284 Traité de la Religion Chrétienne par J. Abbadie. *Amſterdam* 1729. 3 *vol. in*-12.

285 L'Athée convaincu par Frederic Spanheim. *Leyde* 1676. *in*-12.

286 Penſées de B. Paſchal ſur la Religion. *Amſterdam* 1712. *in*-12.

287 Le même 1715. *in*-12.

288 Henrici Holdeny Divinæ Fidei Analiſis *Pariſiis* 1652. *in*-12.

289 Expoſition de la Doctrine Catholique ſur les matieres de controverſe par M. Boſſuet. *Paris* 1680. *in*-12.

290 Hiſtoire des Controverſes & des Matieres Eccleſiaſtiques dans le neuvieme ſiecle par Louis Elies Dupin. *Paris* 1694. *in*-8.

291 Inſtruction Paſtorale ſur les Promeſſes de J. C. à ſon Egliſe par M. Boſſuet. *Paris* 1729. *in*-12.

292 L'Accompliſſement des Propheties, ou la délivrance prochaine de l'Egliſe par Pierre Jurieu *Rotterdam* 1686. 2 *vol. in*-12.

293 Traité de la Puiſſance de l'Egliſe, par le même *Quevilly*. 1677. *in*-12.

294 Traité de l'Unité de l'Egliſe, contre M. Nicole, par le même. *Rotterdam*, 1688. *in* 8.

295 De l'Unité de l'Egliſe, ou Réfutation du Nouveau Syſtème de Pierre Jurieu, par M. Nicole, *Rouen*, 1713. *in*-12.

296 Le vrai Syſtème de l'Egliſe, & la véritable Analyſe de la Foi, par Jurieu, pour ſervir de Réponſe au Livre de M. Nicole, *Dordrecht*,

Dordrecht 1686. 1 volume in-8.

297 L'Esprit d'Ant. Arnauld par Jurieu. Deventer. 1684. 2 vol. in-12.

298 Conference avec Jean Claude sur la matiere de l'Eglise, par M. Bossuet. Paris 1687. in-12.

299 La perpétuité de la Foy de l'Eglise Catholique touchant l'Euchariflie, par M. Arnauld. Paris 1669. in-4.

300 La perpétuité de la Foy de l'Eglise Catholique touchant l'Euchariflie. Par. 1664. in 12.

302 Réponse au Livre de M. Arnaud intitulé la perpétuité de la Foy. 1671. 2 vol. in-12.

303 Explication de quelques difficultés sur les Prieres de la Messe, par M. Bossuet. Paris 1689. in-12.

304 Traité de la Communion sous les deux espéces par M. Bossuet. Paris 1682. in-12.

305 Prejugés légitimes contre les Calvinistes par P. Nicole. Paris 1671. in-12.

306 Essais de Theologie sur la Providence & la Grace; où l'on tâche de délivrer M. Jurieu des difficultés qu'il rencontre dans son système. Francfort 1687. in-12.

307 Nouvelle Conference d'un Docteur Catholique avec un Ministre. Rouen 1683. in-12.

308 Renversement de la Morale de J. C. par les erreurs des Calvinistes touchant la Justification. Paris 1672. in-4.

309 Réponse à la demande que Rome nous fait : *Où étoit votre Eglise avant Luther ;* par Eustache. 1649. in-12.

D

310 Remarques sur une lettre de M. Spon de la Religion Prétendue Réformée. *Anvers* 1681. *in-16.*

311 Lettre de M. Arnauld à une personne de condition, & autres piéces. *Paris* 1655. *in-4.*

312 Réponse de M. Renoult ci-devant Cordelier à son Pere pour se justifier d'heréfie. *Amst.* 1699. *in-16.*

313 Recueil de ce qui s'est fait pour & contre les Proteftans par le Fevre, &c. *Paris* 1690. *in-4.*

314 Lettres Paftorales aux Fideles de France qui gémiffent sous la captivité de Babilone, par Jurieu. *Rotterdam* 1686. *in-12.*

315 Collectio Judiciorum de novis erroribus, ftudio Dupleffis d'Argentré. *Parisiis* 1724. 2 *vol. in-fol.*

316 Sentimens d'Erafme de Roterdam, par J. Richard. *Cologne* 1716. *in-12.*

317 Defenfio Fidei Nicænæ. *Oxonii* 1688. *in-8.*

318 Chriftophori Sandii Bibliotheca Antitrinitariorum, Stanifl. Lubieniecii Hiftoria Reformationis Polonicæ. *Freiftadii*, 1684. *in-12.*

319 Præ-Adamitæ five Exercitatio fuper verf. 12. 13. 14. cap. 5. Pauli ad Romanos, quibus inducuntur primi homines ante Adamum conditi, Autore Ifaaco la Peyrere. 1655. *in-18.*

JURISPRUDENCE.

Droit Canonique & Civil.

320 INSTITUTION au Droit Ecclésiastique par Claude de Fleury. *Paris* 1721. *in-12.*

321 Recueil historique des Bulles, Constitutions, Décrets & Brefs des Papes, depuis 1567, jusqu'en 1696. *in-8.*

322 Dissertation sur les Bulles contre Baius. *Utrecht.* 1737. *in-12.*

323 Dé Sacris Ecclesiæ Ministeriis ac Beneficiis Libri VIII. *Lutetiæ* 1551. *in-8.*

324 Traité des Annates, où l'on examine si les Sécrétaires des Evêques & des autres Collateurs, peuvent sans Simonie exiger au-delà de ce qui leur est permis. *Amsterdam.* 1718. *in-12.*

325 Anciene & Nouvelle Discipline de l'Eglise touchant les Bénéfices & les Bénéficiers, par le Pere Louis Thomassin. *Paris* 1725. 3 *vol. in-fol.*

326 Histoire de l'origine & du progrès des revenus Ecclésiastiques, par Jérôme Acosta. *Francfort* 1703. *in-12.*

327 Traité des Bénéfices de Frapaolo Sarpi avec des notes. *Amst.* 1706. *in-12.*

328 Les Commentaires des Lettres *Ne repugnate,* par M. Oeritræus. *Pekin.* 1750. *in-12.*

329 Traités des Droits & Libertés de l'Egli-

D ij

se Gallicane, par P. Pithou. *Paris* 1731.
4 vol. in-fol.

330 Memoire contenant les moyens généraux
& particuliers pour maintenir les Libertés
de l'Eglise Gallicane, &c. 1716. *in-*12.

331 Abrégé des Actes, Titres & Mémoires
concernant les affaires du Clergé de Fran-
ce, par Charl. Emma. Borjon. *Paris* 1680.
*in-*4.

332 Actes de l'assemblée générale du Clergé
de France de 1682. & de 1685. *Par.* 1685.
in - 12.

333 Traité de la Puissance Ecclésiastique &
Temporelle par Dupin. 1707. *in-*8.

334 Traité de l'autorité des Rois touchant
l'administration de l'Eglise, par M. Talon
(ou plutôt le Vayer de Boutigny.) *Amst.*
1700. *in-*12.

335 Dissertation sur l'autorité légitime des
Rois en matiere de Regale, par M. L. V.
M. D. R. (Roland le Vayller Maître des
Requêtes.) *Cologne* 1682. *in-*16.

336 Sommaire des Décrets du Concile de
Trente, touchant la Réformation de la Dis-
cipline Ecclésiastique. *Lyon* 1679. *in-*16.

337 Mémoire sur le refus des Sacremens à la
mort. *in-*12. (par M. G***)

338 Justification des Usages de France sur le
mariage des enfans de Famille qui se ma-
rient sans consentement de Parens, par
P. le Merre. *Par.* 1715. *in* - 12.

339 Motif de droit ou défense du Séminaire
de Liége & du Droit de Mrs ses Provi-
seurs. *in-*12.

340 Justification des P. de l'Oratoire de Mar-
seille. 1721. *in* 12.

341 Réponse au Libelle de Louis Benoist, contre les Peres de l'Oratoire 1691. in-12.

342 Réponse aux éclaircissemens du P. Matthieu Texte, au sujet de la prétendue Profession Religieuse de M. Jean Hennuyer Evêque de Lisieux. 1742. in-12.

343 Denuntiatio Apologetica Petri Coddæi, Trajecti ad Rhenum. 1706. in-4.

344 Divers abus & nullité du Décret de Rome du 4 Octobre 1707. in-12.

345 Dissertation sur la validité des Ordinations des Anglois & sur la succession des Evêques de l'Eglise Anglicane, par Pierre François le Courayer. Bruxelles 1723. 2 vol. in-12.

346 Dissertation du P. le Courayer sur la succession des Evêques Anglois, refutée par le P. J. Hardouin Jésuite. Paris 1724. in-12.

347 Défense de la dissertation sur la validité des Ordinations des Anglois par le P. Courayer. Bruxelles 1726. 4 vol. in-12.

348 Relation historique & apologetique des Sentimens & de la Conduite du P. Courayer. Amst. 1729. 2 vol. in-12.

349 Nullité des Ordinations Anglicanes, contre la défense du P. Courayer; par Michel Lequien. Paris 1725. 2 volumes in-12.

351 Lettre d'un Theologien à un Ecclésiastique de ses amis, sur une dissertation touchant la validité des Ordinations des Anglois. Par. 1724. in-12.

352 La conduite canonique de l'Eglise pour

la Réception des Filles dans les Monasteres par Godefroy. *Par.* 1668. *in-*12.

353 Lettre fur la maniere de gouverner les Maisons Religieufes. *Par.* 1740. *in-*12.

354 Les Conftitutions du Monaftere de Port Royal du S. Sacrement. *Par.* 1721. *in-*12.

355 Differtation fur l'hemine de Vin & fur la livre de Pain de S. Benoît & autres Religieux, par Dom Lancelot. *Paris* 1677. *in-*12.

356 Traité de la fucceffion à la Couronne, par Legrand. *Par.* 1728. *in-*12.

357 Réfutation du Plaidoyer de Omer Talon Avocat Général. *La Haye* 1688. *in-*12.

SCIENCES ET ARTS.

Philofophie, Logique & Dialectique.

358 TRAITÉ de la maniere dont chacun doit fe difpofer aux Sciences. *Lyon* 1721. *in-*12.

359 Petri Barbey Compendium in Ariftotelis univerfam Philofophiam. *Parifiis, in-*12.

360 De varia Ariftotelis in Academia Parifienfi fortuna. *Parifiis* 1653. *in-*8.

361 Meditationes de prima Philofophia cum notis. *Amft. Elzev.* 1642. *in-*18.

362 Les paffions de l'ame par René Defcartes. *Amft.* 1601. *in-*12.

363 Recueil de quelques piéces curieufes concernant la Philofophie de Defcartes. *Amft.* 1684. *in-*12.

364 Theorie des Tourbillons Cartéfiens, avec
des réflexions fur l'Attraction ; par M. de
Fontenelle. *Paris* 1752. *in-12.* — — — o   12

365 L'homme de René Defcartes & la forma-
tion du fœtus , avec les remarques de la
Forge , auquel on a ajouté le traité de la
Lumiere du même Auteur. *Paris* 1677.   2
in-4.

366 La Logique de Port Royal. *Paris* 1714.
in-12.

MORALE ET ŒCONOMIE.

367 Les Caracteres de Theophrafte avec le
Caractere de ce Siecle , par Jean de la
Bruyere. *La Haye* 1698. 2 *vol. in-12.* —   2   7

368 Les Offices de Ciceron traduites en fran-
çois par Philibert Goisbaud Dubois, avec
le latin à côté. *Paris* 1714. *in-12.* — — —   1   10

369 Les devoirs des Grands , par Mrg. le
Prince de Conti, avec fon Teftament. *Pa-*
ris 1667. *in-12.*

370 Elementa Philofophica de Cive Autore   3   2
Thom. Hobbes. *Amft.* 1647. *in-12.*

371 Le Prince de Machiavel. *Amfterdam* 1694.
in-12. — — — — —   1   1

372 Alphonfi Speculum boni Principis. *Amft.*
Elzevir. 1646. *in-12.* — — —   1   5

373 Inftitution d'un Prince par Duguet. *Lon-*
dres 1740. 4 *vol. in-12.* — — — :   7   3

374 De l'Education des Filles par M. de Fe-
nelon. *Par.* 1740. *in-12.* — — —   1   11

375 La Femme foible par M. de S *** *Nan-*
cy 1714. *in-12.* — — — —   o   16

376 Portrait de la Femme forte tiré de l'Ecri-
ture Sainte. *Par.* 1729. *in-12.* — — —   1   1

377 Traité de la Gloire par de Sacy. La-
Haye 1715. *in-12.*

378 Traité du point d'honneur. *Paris* 1717.
in-12.

379 Les Conseils de l'Amitié. *Paris* 1746.
in-12.

380 Le Commerce dangereux entre les deux
sexes. *Bruxelles* 1715. *in-12.*

*Métaphysique, Traités de l'Ame, de l'Esprit de
l'Homme & de ses diférentes Facultés.*

381 Concordia Fidei & Rationis &c. *Duaci*
1711. *in-12.*

382 La Connoiffance de Dieu & de foi-mê-
me, Ouvrage pofthume de M. Boffuet. *Pa-
ris* 1741. *in-12.*

383 Recherche de la Verité par le P. Nic.
Malebranche. *Par.* 1712. 4 *vol. in-12.*

384 Traité de la Nature & de la Grace par
le même. *Rotterdam* 1712. *in-12.*

385 Réflexions Philofophiques & Theologi-
ques fur le nouveau fyftême de la Nature
& de la Grace. *Cologne* 1683. *in-12.*

386 Réflexions Philofophiques & Theologi-
ques fur le nouveau fyftême de la Nature
& de la Grace. *Cologne* 1686. 3 *vol. in-12.*

387 Recueil de M. Arnauld, &c. 1694. 4 *vol.
in-12.*

388 Des vrayes & des fauffes idées contre ce
qu'enfeigne l'Auteur de la recherche de la
Verité, par M. Ant. Arnaud. *Cologne* 1683.
in-12.

389 Réponfe de l'Auteur de la recherche de
la Verité, au Livre de M. Arnaud. *Rot-
terdam* 1684. *in-12.*

390 Défenfe de M. Arnaud contre la répon-
ſe au Livre des vrayes & des fauſſes idées.
Cologne 1684. *in-*12.

391 Trois Lettres à l'Auteur de la recherche
de la Verité, touchant la défenſe de M.
Arnaud. *Rotterdam* 1685. *in-*12.

392 Lettre apologétique pour M. Arnaud,
écrite à un Abbé de ſes amis. *Cologne* 1688.
*in-*12.

393 Léttre de Ber. Lamy Bénedictin, pour
répondre à la Critique du P. Malbranche.
1699. *in -* 12.

394 Diſſertation de M. Arnaud ſur la manie-
re dont Dieu a fait les fréquens Miracles
de l'ancienne Loy par le miniſtere des An-
ges. *Cologne* 1685. *in* 12.

395 Lettre ſur le pouvoir de l'imagination des
Femmes enceintes. *Par.* 1745. *in-*12.

396 Traité de la volonté. *Par.* 1684. *in-*12.

Phyſique & Hiſtoire Naturelle.

397 Traité de Phyſique par Jacq. Rohault.
Amſt. 1672. 2 *vol. in-*12.

398 Traité de l'Equilibre des Liqueurs & de
la péſanteur de l'Air par B. Paſchal. *Paris*
1664. *in-*12.

399 Lettres qui découvrent l'illuſion des Phi-
loſophes ſur la Baguette & qui détruiſent
leurs Syſtêmes, par P. Lebrun. *Par.* 1696.
*in-*12.

400 Le Spectacle de la Nature ou Entretiens
ſur les particularités de l'Hiſtoire Naturel-
le, par Noel Pluche. *Paris* 1739. 4 *vol.*
*in-*12. *fig.*

401 Dictionnaire Botanique & Pharmaceuti-

que contenant les principales propriétés des Mineraux, des Vegétaux, &c. *Par.* 1738. *in* - 8.

402 Obfervations fur la Cure radicale de plufieurs Polypes, par le Vret. *Par.* 1749. *in* - 8.

Mathématiques , Geométrie , Aftronomie.

403 Elémens de Geometrie par M. de Malé-zieu. *Par.* 1729. *in*-8.

404 Trinogométrie, Geométrique, Aftrono-mique & Maritime, par M. Blondel S. Aubin. 1680. *in*-12.

405 Le Syftême du Monde felon les trois hi-potéfes, par Cl. Gadrois. *Par.* 1675. *in*-12.

406 Nouveau Traité de la pluralité des Mon-des , trad. du latin de Ch. Huygens par M. D. (Dufour.) *Par.* 1702. *in*-12.

407 Lettres à M. L. A. D. C. touchant les Comêtes. *Cologne* 1682. *in*-12.

408 Continuation des penfées diverfes, écrites à un Docteur de Sorbone à l'occafion de la Comête qui parut en Décembre 1680. par Bayle. *Rotterdam* 1705. 2 *vol. in*-12.

409 La Concordance des Propheties de Nof-trodamus avec l'Hiftoire depuis Henry II. jufqu'à Louis le Grand, par Baltazar Gui-naud. *Par.* 1709. *in* - 12.

410 Architecture de Phillibert Delorme. *Rouen.* 1648. *in-fol.*

411 La Méchanique du Feu, ou l'art d'en augmenter les effets & d'en diminuer la dépenfe, avec un Traité du bon état des Cheminées ; par G. Gauger. *Amft.* 1714. *in*-12.

412 Academie universelle des Jeux. *Paris*
1725. *in-12.*

413 Le Cabinet des Beaux Arts par Perrault, avec figures d'après la Fosse, Coypel
& autres. *in-4. oblong.*

BELLES-LETTRES.

Grammaires & Dictionnaires.

414 RACINES Grecques par Lancelot. *Par.*
1701. *in-12.*

415 Corn. Schrevelii Lexicon, *Lugduni Batavorum.* 1670. *in-8.*

416 Nouvelle Méthode pour apprendre la
Langue Latine. *Par.* 1650. *in-12.*

417 Christiani Gryphii Apparatus. *Lipsiæ.*
1710. *in-12.*

418 Du Cange Glossarium ad Scriptores Mediæ & Infimæ Latinitatis. *Par.* 1733. 6 *vol.
in-fol.*

419 Gui. Tachard Novum Dictionnarium Latino-Gallicum. *Parisiis* 1727. *in-4.*

420 Amaltheum prosodicum. *Lugduni* 1663.
in-16.

421 Dictionnaire françois & latin par le P.
J. Joubert. *Lyon* 1745. *in-4.*

422 Generalis Dictionarii latino-gallici Epitome per Cl. Fabre. *Lugduni* 1740. *in-8.*

423 Grammaire générale & raisonnée par Antoine Arnauld. *Par.* 1664. *in-12.*

424 Grammaire Françoise par Restaut. *Paris*
1745. *in-12.*

425 Dictionnaire Univerſel dit de Trévoux.
Par. 1743. 6 *vol. in-fol.*
Supplément au même Dictionnaire. *Paris*
1752. *in-fol.*

426 Grammaire Françoiſe & Allemande de
Nath. Duez. *Colmar* 1709. *in-8.*

427 Le Maître Italien par Jean de Venero-
ni. *Amſt.* 1691. *in-12.*

RHÉTORIQUE.

428 La Rhétorique par Bernard Lamy.
Paris 1688. *in-12.*

429 Dialogue ſur l'Eloquence en général, &
ſur celle de la Chaire en particulier. *in-12.*

430 Réflexions ſur l'Eloquence de la Chai-
re par Ant. Arnaud. *Amſterdam* 1695.
in-12.

431 Les Livres de Ciceron par M. Dubois,
avec le latin à côté. *Par.* 1714. *in-12.*

432 Penſées de Ciceron traduites pour ſervir
à l'éducation de la Jeuneſſe, par M. l'Ab-
bé Joſeph d'Olivet. *Par.* 1744. *in-12.*

POETIQUE.

Poëtes Grecs & Latins.

433 L'Odiſſé d'Homere. *Par.* 1619. *in-12.*

434 Remarques ſur Homere avec la trad. de
la Préface de l'Homere Anglois de Pope,
& de ſon eſſai ſur la Vie de ce Poete.
Par. 1728. *in-12.*

435 Les Comedies de Terence avec la tra-
duction & les remarques de Madame Da-
cier. *Rotterdam* 1717. 3 *vol. in-12. fig.*

436 Publii Virgilii Maronis Opera. *Parisiis.* 1714. *in*-12.

437 Les Oeuvres de Virgile traduites en françois avec le texte à côté, par le P. Fabre. *Lyon* 1741. 4 *vol. in*-12. 3

438 Q. Horatius. *Amstelodami* 1682. *in*-16.

439 Quinti Horatii Flaccii Opera. *Parisii,* *Typ. Reg.* 1733. *in*-18. *M. R. G. P.*

440 Oeuvres d'Horace trad. par Mad. Dacier. *Lyon* 1696. 10 *vol. in*-12.

441 Quinti Horatii Flaccii Emblemata, &c. *Ant.* 1612. *fig.*

442 P. Ovidii Nasonis Metamorphoseon. *Parisiis* 1725. 2 *tom. en* 1 *vol. in*-12.

443 Ejusdem Epistolæ. *Parisiis* 1613. *in*-16.

444 Métamorphoses d'Ovide en Rondeaux par Benserade. *Par. Imp. R.* 1676. *in*-4. *fig. de* le Clerc & autres.

445 Traduction des Satyres de Perse & de Juvenal, par Jerôme Tarteron. *Paris* 1714. *in*-12.

446 Phædri Fabulæ, & Publii Siry Sententiæ. *Parisiis è Typ. Regiâ.* 1729. *in* 32. *mar.* r. *gr. pap.*

447 Les Fables de Phedre en latin & françois, augmentées de plusieurs Fables; par le P. Cl. Fabre. *Par.* 1728. *in*-12.

448 Georgii Buchanani Opera poetica. *Salmurii* 1608 *in*-24.

449 Buchanani Jephtes, sive Votum, Tragœdia. *in*-24.

450 Joannis Owenii Epigrammata. *Amst. Elzev. in*-18.

451 Santolii Opera. *Parisiis* 1729. 3 *tom. en* 1 *vol. in*-12.

452 Santolii Himni Sacri. *Paris.* 1689. *in*-16.

453 Car. Coffin Himni Sacri. *Parisiis* 1736. *in-12.*

454 Anti Lucretius, five de Deo & Natura Libri IX. Card. Melchioris de Polignac, à C. D. d'Orleans de Rothelin editus. *Parisiis* 1747. 1 *vol. in-8.*

455 L'Anti-Lucrece, Poeme fur la Religion Naturelle par M. L. C. de Polignac ; traduit par M. de Bougainville. *Paris* 1749. 2 *vol. in-8.*

Poëtes François & Poëtes Dramatiques.

456 Les Oeuvres de Mathurin Regnier avec des remarques de Claude Brofette. *Londres* 1729. *in-4.*

457 Vers heroiques de François Triftan l'Hermite. *in-4.*

458 Oeuvres diverfes de J. de la Fontaine. *Paris* 1729. 3 *vol. in-12.*

459 Oeuvres de N. Boileau Defpreaux avec des éclairciffemens hiftoriques donnés par lui-même, publiés par Cl. Broffette, enrichi des figures, vignettes & culs de lampes de Bernard Picart. *La Haye* 1722. 4 *vol. in-12.*

460 Oeuvres choifies de J. Bapt. Rouffeau. *Par.* 1741. *in-12.*

461 Poeme fur la Grace par M. Racine le Fils. *Par.* 1722. *in-8.*

462 Ode fur l'Harmonie par le même. *Paris* 1736. *in-12.*

463 La Sageffe du Gouvernement, Ode à M. l'Evêque de Clermont par l'Abbé Ifnard. *Par.* 1738. *in-12.*

464 La Princeſſe de Navare, Comedie - Bal-
let par Fr. Marie Arouet de Voltaire. *Pa-*
ris 1745. *in-8.*

465 Le François à Londres, Comedie par **M.**
de Boiſſy. *Par.* 1727. *in-12.*

466 Recueil de quelques Opera. *Amſt.* 1690.
2 *vol. in-12.*

467 Le Paradis reconquis, traduit de l'Anglois
de Milton, par M. Nic. Fr. Dupré de S.
Maur. *Par.* 1730. *in-12.*

MYTHOLOGIE ET ROMANS.

468 Dictionnaire de Mythologie par l'Abbé
de Clauſtre. *Par.* 1745. 3 *vol. in-12.*

469 Fables choiſies de la Fontaine. *La Haye*
1706. 2 *vol. in-12. fig.*

470 L. Apuleii Opera. *in-24.*

471 Les Avantures de Telémaque par **M.** de
Fenelon. *Bruxelles* 1700. 2 *tom. en* 1 *vol.*
in-12.

472 La Princeſſe de Cleves par François **VI.**
Duc de la Rochefoucault, Mad. de la Ver-
gne Comteſſe de la Fayette & Jean Re-
naud de Segrais. *Par.* 1704. *in-12.*

473 Mémoire de la Marquiſe Dufrêne. *Amſt.*
1701. *in-12.*

474 Le prétendu enfant ſuppoſé, ou Mémoi-
re de la jeuneſſe du Comte de Letaneuf,
par M. de Vaubreton. *La Haye* 1740. *in-12.*

475 Voyage de Gulliver, trad. de l'Anglois
par G. Desfontaines. 2 *vol. in-12.*

476 Nouvelles Avantures de Dom-Quichotte
par le Sage. *Par.* 1704. 2 *vol. in-12.*

477 Contes & Nouvelles en vers. *Amſt.*
1726. 2 *vol. in-12. en* 1.

Philologues, Critique, Satires & Dissertations Philologiques.

478 Traité des Etudes par rapport à l'Esprit & au Cœur, par C. Rollin. *Par.* 1726. 4 *vol. in-*12.

479 Réflexions sur la Critique par Ant. Houdart de la Mothe, avec pluf. Lettres de Fenelon & de l'Auteur. *Par.* 1716. *in-*12.

480 Réflexions critiques sur la Poëfie & la Peinture, par l'Abbé J. Bapt. Dubos. 1733. 3 *vol. in-*12.

481 Réponfe à M. l'Abbé d'Olivet de l'Académie Françoife, fur la feconde partie de fon Apologie. *Par.* 1727. *in-*12.

482 Effais fur l'Hiftoire des Belles-Lettres, des Sciences & des Arts, par M. Juvenel de Carlencas. *Lyon* 1740. *in-*12.

483 Lettre critique & hiftorique à l'Auteur de la Vie de Pierre Gaffendi (L. P. Bougerel.) *Par.* 1737 *in* 12.

484 Lettre de l'Abbé Lenglet Dufrenoy à l'Auteur des Obfervations fur les Ecrits modernes, L. G. Desfontaines. *La Haye* 1739. *in* 12.

485 Petronii Arbitri Satyricon. *Amfterd.* 1634. *in* 24.

486 Apologie pour Herodote, par Henry Etienne, & augmentée par Jacob le Duchat. *La Haye* 1735. 3 *vol. in* 8.

487 L'Eloge de la Folie d'Erafme traduit en françois par Geudeville. *Leyde* 1715. *in-*12. *fig.*

488 Apologie ou Juftification d'Erafme par Jacq. Marfolier. *Par.* 1713. *in* 12.

489 Oeuvres de Maître François Rabelais, contenant la Vie, les Faits & Dits de Gargantua & de son fils Pantagruel, avec les remarques de Jacob le Duchat. *Amst.* 1711. 6 tom. en 5 vol. *in-12.* — — 6. 13

490 Le Chef d'œuvre d'un inconnu par le Docteur Chrysostome Matanasius, (Thémiseul de Ste. Hyacinthe.) *La Haye* 1714. *in-12.* — 2. 13

491 Relation de ce qui s'est passé au sujet de la réception de l'illustre Mathanasius à l'Academie Françoise. 1727. *in-12.*

492 Poggiana, ou la Vie, le Caractere, les Sentences & les bons Mots de Pogge Florentin; donnés par Jacq. Lenfant. *Amst.* 1720. 2 tom. en 1 vol. *in-12.* — 2. 15

493 Perroniana & Thuana, per fratres Puteanos edita. *Coloniæ* 1669. *in-12.*

494 Naudœana & Patiniana, ou singularités remarquables prises des Conversations de G. Naudé & Guy Patin, publiées par Ant. Lancelot. *Par.* 1701. *in-12.* — 1. 6

495 Dictionnaire Néologique par l'Abbé Guyot-Desfontaines. *Amst.* 1728. *in-12.* — 2. 1

Polygraphes & Epistolaires.

496 Recueil de divers Ouvrages Philosophiques, Theologiques, Historiques, &c. par Gab. Daniel. *Par.* 1724. 3 vol. *in-4.* — 12. 0

497 Recueil de Littérature, de Philosophie & d'Histoire. *Amst.* 1730. *in-12.* — 1. 16

498 Essais de Montaigne avec des notes & une table générale des Matieres, par Pierre Coste. *La Haye* 1727. 5 vol. *in-12.* — 9.

499 Les Lettres & Poesies de Vincent Voi- 1. 5

ture. *Paris* 1691. 2 *tom. en* 1 *vol. in-12.*

500 Les Oeuvres melées de Chl. Margotelle de Saint - Denis Seigneur de Saint Evremond, publiées fur le Mff. de l'Auteur par Silveftre. *Londres Tonfon* 1706. 6 *vol. in-12.*

501 Erafmi Colloquia. *Amftelodami* 1661. *in-*18.

502 Lucien de la traduction de N. Perrot d'Ablancourt, avec des remarques fur la traduction. *Par.* 1707. 3 *vol. in-12.*

503 Noûveaux Entretiens de Charles Quint & de François I. dans les Champs Elifées. *in-*12.

504 Les Entretiens d'Arifte & d'Eugene par Bouhours. *Lyon* 1682. *in-*16.

505 Sentimens de Cleante fur les Entretiens d'Arifte & d'Eugene par Jean Barbier Daucour. *Par.* 1730. *in-*12.

506 Vita & Epiftolæ Erafmi, &c. *Lugd.* 1642. *in-*16.

507 Lettres de Pierre Bayle avec des remarques & la vie de l'Auteur, par Pierre Defmaifeaux. *Amft.* 1729. 3 *vol. in-*12.

508 Lettres choifies de R. Simon par Bruzen de la Martiniere. *Amft.* 1730. 4 *vol. in-*12.

509 Lettres de Marie Rabutin de Chantal, Marquife de Sévigné, à M. la Comtefe de Grignan fa fille. 1726. 2 *tom. en* 1 *vol. in-*12.

HISTOIRE.

PROLÉGOMENES HISTORIQUES.

Geographie , Voyages.

510 MÉTHODE abregée de la Geographie, avec un Abregé de la Sphere, par l'Abbé Lenglet. *Par.* 1729. *in-12.* — 1 6

511 Dictionnaire Geographique Historique & Critique de Bruzen de la Martiniere. *La Haye* 1726. 10 *vol. in-fol.* — 150

512 Nouveau Voyage d'Italie par Max. Misson. *La Haye* 1717. 4 *vol. in 12. fig.* — 6 . 3

513 J. Sleidani de quatuor Summis Imperiis libri tres. *Lugd. Batav. Elzev.* 1655. *in-24.* — 1 16

514 Relations historiques & curieuses des Voyages de Charles Patin. *Lyon* 1676. *in-12.* — 0 16

Chronologie & Histoire Universelle.

515 Dionysii Petavii Rationarium Temporum. *Parisiis* 1703. 3 *vol. in-12.* — 3 . . 18

516 La Chronologie des Anciens Royaumes, trad. de l'Anglois d'Isaac Newton, par l'Abbé Granet. *Par.* 1728. *in-4.* — 1 . . 16

517 L'Antiquité des Tems rétablie & défendue contre les Juifs & les nouveaux Chronologistes par Paul Pezron. *Amst.* 1687. *in-12.* — 1 . . 4

518 Discours sur l'Histoire Universelle par M. Bossuet. *Par. Cramoysy* 1681. *in-4.* — 2 19

519 Les Elemens de l'Histoire par Pierre de Vallemont. *Par.* 1729. 4 *vol. in-12.*

520 L'Espion Turc dans les Cours des Princes Chrétiens., trad. de l'Anglois de Jean Paul de Marana. *Col.* 1696. 6 *vol. in-12.*

HISTOIRE ECCLESIASTIQUE.

521 Geographia Ecclesiastica. *Lugduni* 1620. *in-12.*

522 La Geographie des Legendes. *Par.* 1737. *in-12.*

523 Joannis Micrælii Syntagma, Historiarum Ecclesiæ omnium, editio quarta. *Lipsiæ* 1679. *in-4.*

524 Michaelis Davidis de la Bisardiere, Historia gestorum in Ecclesia memorabilium. *Parisiis* 1700. *in-12.*

525 Histoire de l'Ancien & Nouveau Testament & des Juifs, pour servir d'introduction à l'Histoire Ecclésiastique par Dom. Aug. Calmet. *Par.* 1737. 4 *vol. in-4.*

526 Mœurs des Israelites & des Chrétiens par l'Abbé de Fleury. *Par.* 1712. 2 *vol. in-12.*

527 Histoire de l'Eglise par Eusebe, Socrate, Sozomene & Theodoret, traduite par Louis Cousin. *Par.* 1675. 4 *vol. in-4.*

528 Mémoires pour servir à l'Histoire Ecclésiastique des six premiers Siecles, par Seb. le Nain de Tillemont. *Par.* 1693. 7 *vol. in-4.*

529 Histoire des Empereurs, par le même. *Par.* 1690. 3 *vol. in-4.*

530 Histoire Ecclésiastique par M. l'Abbé de Fleury, continuée par le Pere C. Fabre de l'Oratoire. *Par.* 1722. 36 *vol. in-4.*

531 La même. *Par.* 1740. *& suiv.* 36 *vol. in-12.*

532 Justification des discours de l'Abbé de Fleury. 1736. 2 *vol. in-12.*

533 Histoire de l'Eglise par Jacq. Basnage. *Amst.* 1699. 2 *vol. in-fol.*

534 Mémoires de l'Eglise, par l'Abbé de la Roque, *Par.* 1690. *in-4.*

535 D. Jo. Wolfgangi Jægeri Historia Ecclesiastica & Politica, Seculi decimi septimi, ab anno 1600. usque ad 1710. 2 *vol. in-fol.*

536 Histoire Ecclésiastique du dix-septieme Siecle par L. Dupin. *Par.* 1714. 4 *vol. in-8.*

537 Mémoires chronologiques & dogmatiques pour servir à l'Histoire Ecclésiastique depuis 1600 jusqu'en 1716. par le P. Davrigny. 1723. 4 *vol. in-12.*

538 Histoire de l'Eglise Gallicane, ou Histoire du Clergé de France par L. R. P. de Longueval, Fontenay, Brumoy & Berthier de la Compagnie de Jesus. *Par.* 1732. 18 *vol. in-4.*

539 Etat de l'Eglise Gallicane durant le Schisme. *Par.* 1594. *in-8.*

540 Historia Ecclesiæ Ultrajectensis, &c. *Col. Agrippina* 1725. *in-4.*

541 Histoire du Schisme d'Angleterre de Sanderus, mise en françois par Fr. de Maucroix. *Par.* 1678. 2 *vol. in-12.*

542 Histoire de la Réformation de l'Eglise d'Angleterre traduite de l'Anglois de G. Burnet, par J. B. de Rosemond. *Londres* 1683. 2 *vol. in-4.*

543 Histoire de l'état présent de l'Eglise Grecque & Arménienne par Paul Ricaut. *Middelbourg* 1692. *in-12.*

544 Histoire du Schisme des Grecs par

Mainbourg. *Paris* 1677. *in-*4.

545 Hiftoire du grand Schifme d'Occident par l'même. *Par.* 1684. *in-*4.

546 Hiftoire de l'Heréfie des Iconoclaftes par le même. *Par.* 1684. *in-*4.

547 Défenfe de l'Hiftoire des Variations contre la Réponfe de Bafnage, par M. Bofluet. *Par.* 1691. *in-*12.

HISTOIRE CATHOLIQUE

ET PONTIFICALE.

Hiftoire des Conciles, Vies des Papes & des Cardinaux.

548 Hiftoire des Conciles Généraux tenus en Orient & en Occident depuis le tems des Apoftres, jufqu'au Concile de Trente; par L. Dupin. *Par.* 1699. 2 *vol. in-*12.

549 Hiftoire du Concile de Trente écrite en Italien par Fra-Paolo Sarpi, traduite en François par Jof. le Courayer. *Amft.* 1736. 2 *vol. in-*4.

550 Inftructions & Miffives des Rois Très-Chrétiens & de leurs Ambafladeurs, concernant le Concile de Trente. 1613. *in-*4.

551 Inftructions & Lettres des Rois Très-Chrétiens & de leurs Ambafladeurs, concernant le Concile de Trente. *Paris* 1654. *in-*4.

552 Lettres & Mémoires de Franc. de Vargas, de Pierre de Malvenda, touchant le Concile de Trente, traduits de l'Efpagnol par Michel le Vaffor. *Amft.* 1720. *in-*8.

553 Abregé de l'Hiftoire du Concile de Tren-

re par P. Jurieu. *Amst.* 1683. 2 *vol. in-*12.

554 Critique de l'Histoire du Concile de Trente de Fra-Paolo, des Lettres & des Mémoires de Vargas. *Rouen* 1719. *in-*4.   1 . 20

555 Lettres, Anecdotes & Mémoires historiques sur le Concile de Trente du Nonce Charles Visconti, en italien & en françois par Jean Aymon. *Amst.* 1719. 2 *vol. in-*12.   2 . 3

556 De tribus Historiis Concilii Tridentini, Autore Cæsare Aquilinio. *Amstelodami* 1662. *in-*12.   0 . 12

557 Traité historique de l'établissement & des Prérogatives de l'Eglise de Rome & de ses Evêques, par L. Mainbourg. *Par.* 1685. *in* 12.   2 . 10

558 J. B. Platina de Vitis Summorum Pontificum. *in-*16.   0 . 12

559 Vie du Pape Sixte V. trad. de l'Italien de Gregoire Leti. *Par.* 1683. 2 *tom. en* 1 *vol. in-*12.   2 . 9

560 L'Origine des Cardinaux du S. Siege. *Cologne* 1679. *in-*12.   1 . 6

561 Histoire générale des Cardinaux par Ant. Aubery. *Par.* 1642. 2 *vol. in-*4.   2

562 Vie du Cardinal Jean François Commendon, trad. du lat. d'Ant. Gratiani par Esprit Fléchier. *Par.* 1695. *in-*12.   1 . 4

Histoire des Ordres Monastiques, Religieux & Militaires.

563 Rodolphi Hospiniani Historia Jesuitica &c. *Tiguri* 1670. *in-fol.*   2 . 12

564 Recueil des pieces touchant l'Histoire de la Compagnie de Jesus, par le P. Joseph Jouvency. *Liege* 1716. *in-*12. (*avec la fig.*) 2. edit.   7 . 4

565 Vie du R. P. Jacque Laynez second Gé-
néral des Jésuites, par le Pere P. Ribade-
neira. *Lyon* 1599. *in* 8.

566 Relation de la rédemption des Captifs,
&c. *Par.* 1716. *in* 12.

567 Histoire abregée de l'Abbaye de Port
Royal par M. Racine. 1735. *in* 12.

568 Mémoire pour servir à l'Histoire de Port
Royal par D. F. *Cologne* 1739. *in* 12.

569 Recueil présenté au Roy par les Religieu-
ses de Port Royal. *in* 12.

570 Mémoire sur la destruction de Port
Royal. 1711. *in* 12.

571 Histoire de la Congrégation des Filles de
l'Enfance de N. S. J. C. établie en 1682.
& supprimée en 1686. par L. S. R. [Rebou-
let.] *Amst.* (*Avignon*) 1734. 2 *vol. in* 12.

572 L'Innocence opprimée par la Calomnie,
ou l'Histoire de la Congrégation des Fil-
les de l'Enfance de N. S. J. C. par Juliard.
1687. *in* 4.

573 Recueil de pieces concernant la Congré-
gation des Filles de l'Enfance de N. S. J.
C. *Amst.* 1718. 3 *vol. in* 12.

574 Histoire des Chevaliers Hospitaliers de S.
Jean de Jerusalem, appellés depuis Cheva-
liers de Rhodes & aujourd'huy de Malthe;
par Noel Aubert de Vertot. *Par.* 1727. 5
vol. in 12.

575 Histoire de Pierre d'Aubusson Grand
Maître de Rhodes, par Dominique Bouhours.
Par. 1676. *in* 4.

Histoire Sainte, Martyrologes & Vies des Saints.

576 Ant. Gallonius de Cruciatibus Martyrum,
cum

cum fig. Æn. Ant. Tempestæ ex Musæo
Raph. Dufresne. *Paris.* 1669. *in-4.*

577 Actes des Martyrs par Theodore Rui-
nard & traduits en françois par M. de
Maupertuis. *Par.* 1708. 2 *vol. in-8.*　　　6te　12

578 Dissertation historique sur le Martyr de
la Légion Thebeene, par Jean Dubourdieu.
Amst. 1705. *in-12.*　　　1　4

579 Vies des S. P. des Deserts, d'Orient &
d'Occident. *Par.* 1706. 2 *vol. in-12.*
580 Les mêmes. 1708. 2 *vol. in-12.*　　　5　3

581 Les Vies des Saints par Baillet. *Par.*
1715. 4 *vol. in-fol.*　　　34　3

582 Les mêmes Abregées par le même. *Par.*
1710. 4 *vol. in-8.*　　　13　3

583 La Vie de S. Irenée Evêque de Lyon,
par Dom Gervaise. *Par.* 1723. 2 *v. in-12.*　　　1　4

584 Le Martyr du secret de la Confession,
ou la Vie de S. Jean Nepomucéne, par le
P. J. B. de Marne. *Par.* 1741. *in-16.*　　　1　3

Histoire des Heréfies.

585 Les Religions du monde, trad. d'Alex.
Ross, par Thomas de la Grue. *Amst.* 1666.
in-4. fig.　　　6　1

586 Christ. Sandii Nucleus Historiæ Ecclesiaf-
ticæ, exibitus in Historia Arianorum. *Colo-
nia* 1676. *in-8.*
587 Histoire du Socianisme par Moreau. *Par.*
1723. *in-4.*　　　3　14

588 Histoire du Calvinisme par Mainbourg.
Par. 1682. *in-4.*　　　2　10

589 L'Histoire veritable du Calvinisme. *Amst.*
1683. *in-12.*　　　1

590 Critique générale de l'Histoire du Cal-　　　7　3

vinifme de Mainbourg (par P. Bayle.)
Villefranche. 1684. 2 *vol. in-12.*
Nouvelles Lettres du même Auteur, *ibid.*
1685. 2 *vol. in-12.*

591 Hiftoire du Calvinifme & celle du Papif-
me mifes en paralelle, ou Apologie pour
les Réformateurs (contre le Livre de Main-
bourg,) par Jurieu. *Rotterdam* 1683. 4 *v.*
in-16.

HISTOIRE PROFANE.

Hiftoire Ancienne, Greque & Romaine.

592 Hiftoire des Juifs & des Peuples voifins,
depuis la décadence des Royaumes d'Ifraël
& de Juda, jufqu'à la mort de J. C. trad.
de l'Anglois de Humphroy Prideaux. *Amft.*
1728. 6 *vol. in-12. fig.*

593 Hiftoire de Diodore de Sicile, trad. du
Grec en françois par Robert Macault &
Jacques Amiot. *Par.* 1585. *in-fol.*

594 Roma illuftrata. *Amftelodami* 1657. *in-16.*

595 Joh. Fred. Gronovii ad T. Livii Libros
fuperftites Notæ. *Lugd. Batav. Elzev.* 1645.
in-12.

596 Lucii Annæi Flori Rerum Romanarum
Libri IV. *Par.* 1654. *in-24.*

597 Hiftoire Romaine & des Empereurs de-
puis la fondation de Rome avec des notes
hiftoriques, geographiques & critiques par
L. R. P. Catrou & Rouillé. *Par.* 1725. 20
vol. in-4.

598 Hiftoire Romaine traduite de l'Anglois
de Laurent Echard par Daniel de la Ro-
que, continuée par l'Abbé Desfontaines.

Paris 1734. 16 *volumes in-12.*

599 Histoire d'Auguste. *Rotterdam* 1690. *in-*12.

600 Crispi Salustii Bellum Catilinarium. *in-*24.

601 Histoire de la Conjuration de Catilina, où l'on a inseré les Catilinaires de Ciceron, par M. Bellet. *Par.* 1752. *in-*12.

602 Histoire de Constantin le Grand par Bernard de Varenne. *Par.* 1728. *in-*4.

603 Histoire des Croisades par Mainbourg. *Par.* 1684. *in-*4.

HISTOIRE MODERNE,

OU DES MONARCHIES DE L'EUROPE.

Histoire d'Italie.

604 Histoire des Guerres d'Italie par Guichardin, trad. en françois. *Londres* 1738. 3 *vol. in-*4.

605 Histoire de la Ligue faite à Cambray entre le Pape Jules II. l'Empereur Maximilien I. Louis XII. Roy de France, &c. contre la République de Venise, depuis 1508. jusqu'en 1516. par J. B. Dubos. *Par.* 1709. 2 *vol. in-*12.

606 Relation de la Cour de Rome faite l'an 1661. au Conseil du Pregadi. *Leide* 1663. *in-*12.

607 Histoire du Gouvernement de Venise par Amelot de la Houssaye. *Par.* 1685. *in-*8.

608 Histoire de Venise trad. de l'Italien de J. B. Nani, par François Tallemand. *Paris* 1679. 2 *vol. in-*12.

609 La Ville & la Republique de Venise, ou Description fidelle de la Ville & du Gouvernement, de la maniere de vivre des Ve-

nitiens, par Alex. Touſſaint de Limogon.
Par. 1680. *in-*12.

610 Défenſe de la Monarchie de Sicile contre les entrepriſes de la Cour de Rome, par Dupin 1716. *in-*12.

Hiſtoire de France.

611 Hiſtoire de France depuis Faramond juſ‑qu'à Louis XIII. (compoſée par ordre de M. Achilles de Harlay) par Claude de Chalons. *Par.* 1734. 3 *vol. in-*12.

612 Hiſtoire de France par Franc. Eudes de Mezeray. *Par.* 1685. 3 *vol. in-fol.*

613 Hiſtoire de France depuis l'établiſſement de la Monarchie Françoiſe, juſqu'à la mort d'Henry IV. Le Journal du Regne de Louis XIII. & les Faſtes de celui de Louis XIV. par le P. G. Daniel, *Douay* (*Par.*) 1722. 7 *vol. in-*4.

614 Hiſtoire univerſelle de M. de Thou. *Londres* 1734. 16 *vol. in-*4.

615 Hiſtoire de Suger Abbé de S. Denis, Mi‑niſtre d'Etat & Regent du Royaume, ſous le Regne de Louis le jeune ; par Dom Ger‑vaiſe. *Par.* 1721. 3 *vol. in-*12.

616 Hiſtoire de S. Louis par Jean Filleau de la Chaiſe. *Paris* (*Bruxelles*) 1688. 2 *vol. in-*12.

617 Hiſtoire des Demelés du Pape Boniface VIII. avec Philippe le Bel, par Adrien Baillet. *Par.* 1718. *in-*12.

618 Hiſtoire de Louis XI. par M. Duclos. *Par.* 1743. 3 *vol. in-*12.

619 Mémoires de Comines contenant l'Hiſt. de Louis XI. & de Charles VIII. par D.

Godefroy. *Bruxel.* 1723. 5 *vol. in-8. fig.*

620 Journal des choses memorables advenues sous le Regne d'Henry III. par P. l'Etoille, avec des notes de Jacob le Duchat. *Cologne* 1720. 4 *vol. in* 8.

621 Mémoire de Marguerite de Valois Reine de Navarre, ensuite de France. La fortune de la Cour avec les notes de Jean Godefroy. *Liege* 1713. *in* 8.

622 Histoire de la Ligue par Mainbourg. *Paris* 1683 *in* 4.

623 Satyre Menippée, de la vertu du Catholicon d'Espagne & de là tenue des Etats de Paris, par P. le Roy, avec les remarq. de P. Dupuy, augmentées par le Duchat, & publiées par Jean Godefroy. *Ratisbonne* 1726. 3 *vol. in* 8. *fig.*

624 Lettres d'Arnauld Cardinal d'Ossat, contenant ses Négotiations à Rome depuis 1594. jusqu'en 1604. avec des notes historiques & politiques par Amelot de la Houssaie. *Amst.* 1708. 5 *vol. in* 12.

625 Journal du Regne d'Henry IV. par P. de l'Etoille. 1732. 2 *vol. in* 8.

626 Mémoire pour servir à l'Histoire de France depuis 1515. jusqu'en 1611. par P. de l'Etoille, avec des notes critiques & historiques de J. Godefroy. *Col. Bruxelles* 1719. 2 *vol. in* 8. *fig.*

627 Le Mercure François, ou la suite de l'Histoire de la Paix, commençant l'an 1605. & finissant à Louis XIII. *Par.* 1611. 2 *vol. in* 8.

628 Les Triomphes de Louis le Juste, representés en un Poeme latin de Charles Beys, trad. par Jean Nicolay, publiés par Jean

Valdor. *Reims* 1629. 1 *vol. in* 4.

629 Recueil de pieces pour la défense de la
Reine Mere du Roy Louis XIII. par de
Mourgues. *Anvers* 1643. *in* 4.

630 Recueil de diverses pieces pour servir à
l'Histoire. 1643. *in* 4.

631 Mémoire de M. D. L. R. sur les Bri-
gues à la mort de Louis XIII. *Col.* 1672.
in 12.

632 Vie d'Armand Jean Cardinal Duc de Ri-
chelieu, par le Clerc. *Amst.* 1724. 3 *vol.*
in 12.

633 Journal du Cardinal de Richelieu. 1648.
in 12.

634 Vie du veritable Pere Joseph Capucin,
contenant l'Histoire Anecdote du C. de
Richelieu. *La Haye* 1705. *in*-12.

635 Histoire des Diables de Loudun. *Amst.*
1716. *in* 12.

636 Le même. 1737. *in* 12.

637 Mémoire du Cardinal de Retz. *Amsterd.*
1718. 5 *vol. in* 12.

638 Mémoire de Joly pour servir d'éclaircis-
sement & de suite aux Mémoires du C.
de Retz. *Rotterdam* 1718. 2 *vol. in*-12.

639 Mémoire de M. de Montchal Archev.
de Toulouse, contenant des particularités
de la Vie & du Ministere du C. de Riche-
lieu. *Rotterdam* 1718. 2 *vol. in* 12.

640 Relation de la conduite présente de la
Cour de France, adressée à un Cardinal à
Rome par un Seigneur Romain, &c. revue
& corrigée par le Traducteur. *Cologne* 1667.
in 16.

641 Histoire du Regne de Louis XIV. par H.
P. de Limiers. *Amst.* 1720. 3 *vol. in* 4.

641 * Médailles du Regne de Louis XIV. ou Hiſtoire des évenemens les plus remarquables du Regne de ce Monarque. *Par*. 1723. *in-fol. mar. r. doré ſur tranche.*

642 Mémoire pour ſervir à l'Hiſtoire de Louis XIV. par Francois Timoleon de Choiſy. *Utrecht.* 1727. 2 *vol. in-*12.

643 Hiſtoire du Miniſtere du Card. Jules Mazarin, par le Comte Galeazzo Gualdo Priorato. *Amſt.* 1671. *in-*12.

644 Les Mémoires du Duc de Rohan. 1644. *in-*12.

645 Mémoires du Comte de Forbin. *Amſt.* 1729. 2 *vol. in-*12.

646 Mémoire de M. L *** (Lenet,) contenant l'Hiſtoire des Guerres Civiles des années 1649. & ſuiv. 1729. 2 *vol. in-* 12.

647 Mémoires de M. Robert Arnauld d'Andilly écrits par lui-même. *Hambourg* 1734. 2 *vol. in-*12.

648 Vie du Duc de Montauzier par N. *** *Par*. 1729. 2 *tom. en* 1 *vol. in-*12.

Mélanges de l'Hiſtoire de France.

649 Préliminaires des Traités entre les Rois de France & les Princes de l'Europe, depuis Charles VII. *Par*. 1692. *in-*12.

650 Eloges hiſtoriques des Evêques & Archevêques de Paris par Eſtienne Algay Sr de Martignac, avec les Portraits. *Par*. 1698. *in-*4.

651 Etat par ordre alphabetique des Villes, Bourgs & Villages du Comté de Bourgogne, par Querret. *Par*. 1748. *in-*8.

652 Bail à P. Moreau pour l'entretien de la route de Champagne, par Mormans. *Par.* 1738. *in-12.*

653 Histoire abregée de l'Eglise, de la Ville & de l'Université de Paris, par un Docteur en Theologie de Paris; (Grand Colas) *Par.* 1728. 2 *vol. in-12.*

654 Histoire Generale du Gatinois, Sennonois, Hurpois, par Guil. Morin. *Par.* 1630. *in-4.*

Histoire d'Allemagne, de Flandres, de Hollande, &c.

655 Histoire de l'Empereur Charles-Quint, par D. de Vera & Figueroa, traduit par le sieur du Perron le Hayer. *Paris*, 1662. 1 *vol. in-4.*

656 Vie de l'Empereur Charles V. traduite de l'Italien de Léti. *Bruxelles*, 1715. 4 *vol. in-12. fig.*

657 Histoire de l'Empereur Charles VI. avec le différent entre la Reine de Hongrie & le Roy de Prusse, au sujet de la Silesie. 2 *vol. in-12.*

658 Histoire de la Guerre de Flandres, de Famianus Strada, traduite par Durier. *Paris*, 1665. 2 *vol. in-8.*

659 Histoire de l'établissement de la République de Hollande, par Eust. le Noble. *Par.* 1692. 2 *vol. in-12.*

660 Hugonis Grotii, Annales & Historia de Rebus Belgicis. *Amsteladami*, 1657. 1 *vol. in-fol.*

661 Histoire de Hollande depuis la Treve de 1609. (où finit Grotius) jusqu'en 1679. par Balthazar Hezeneil de la Neuville, (Adrien Baillet.

Baillet. *Par.* 1693. *4 vol. in-12.*
662 Histoire de Geneve, par Spon. *Geneve,*
1730. *4 vol. in-12.*

Histoire d'Espagne & d'Angleterre.

663 Histoire publique & secrette de la Cour
de Madrid, de l'avénement du Roi Philippe
V. *Cologne,* 1719. 1 *vol. in-12.*
664 Histoire du Ministere du Cardinal Xime-
nès, par Jacques de Marsolier. *Paris,* 1704.
2 *vol. in-12.*
665 Recueil des actions & paroles mémorables
de Philippe II. Roy d'Espagne. *Cologne,* 1671.
1 *vol. in-12.*
666 Histoire du Ministere du Cardinal Marti-
nusius, par Bechet. *Paris,* 1715. 1 *vol. in-12.*
667 Histoire du Cardinal Jules Alberoni, Ar-
chevêque de Séville. 1 *vol. in-12.*
668 Mémoires & Négociations secrettes de
Ferdinand Bonaventure, Comte d'Harrach,
par M. de la Torre. *La Haye,* 1720. 1 *vol.*
in-12.
669 Histoire d'Angleterre, par Paul de Rapin
de Thoyras. *La Haye,* 1727. 13 *vol. in-4.*
670 Mémoire d'Angleterre contenant l'histoi-
re des deux Roses, ou différends des Maisons
d'Yorck & de l'Encastre. *Amsterdam.* (Tre-
voux) 1726. 1 *vol. in-12.*
671 Histoire de Henri VII. Roy d'Angleterre,
par de Marsolier. *Paris,* 1724. 2 *vol. in-12.*
672 Vie d'Elizabeth, Reine d'Angleterre, tra-
duite de l'Italien de Gregoire Leti, *Amster-*
dam, 1714. 2 *vol. in-12.*
673 Histoire de Cromwel, par François Rague-
net. *Paris,* 1691. 1 *vol. in-4.*

H

673 * Histoire des dernieres Révolutions d'An-
gleterre, par Burnet, traduit de l'Anglois.
La Haye, 1725. 1 *vol. in*-4.

674 Vie du Général Monk, Duc d'Albemar-
le, &c. traduit de l'Anglois de Thomas
Gumble. *Londres*, 1672. 1 *vol. in* 12.

675 La conduite de Son Altesse le Prince &
Duc de Marlborough, dans la présente
guerre. *Amsterdam*, 1714. 1 *vol. in*-12.

*Histoire Septentrionale, & des Pays hors de
l'Europe.*

676 Histoire du Dannemarc, avant & depuis
l'établissement de la Monarchie, par J.
B. des Roches. *Paris*, 1732. 9 *vol. in*-12.

677 Histoire de Charles XII. Roy de Suede,
par Voltaire. *Basle*, 1732. 2 *tomes en un vol.
in*-12.

678 Histoire des Indes Occidentales. *Lyon*,
1662. 1 *vol. in*-12.

679 Histoire de Saint Domingue, par le P. de
Charlevoix. *Paris*, 1730. 2 *vol. in*-4. *figures*.

Paralipomenes historiques, Antiquités.

680 Sacræ Antiquitatis Monumenta, Histori-
ca, Dogmatica, Diplomatica. *Stivagii*,
1725. 1 *vol. in-fol*.

681 Discours de la Religion des anciens Ro-
mains, par du Choul. *Lyon*, 1667. *in*-4.
figures.

682 Le Pitture Antiche del sepolcro de Naso-
ne, descritte da Gio Petro Bellori, *Roma*,
1702. 1 *vol fol. fig*.

Histoire littéraire Académique.

683 Histoire de l'Académie Françoise , par
Pelisson. *Paris*, 1672. 1 *vol. in-12.*
684 Histoire de l'Académie Royale des Inscrip-
tions & Belles-Lettres, par M. Clau. Gros-
de-Boze. *Paris*, 1740. 3 *vol. in-12.*
685 Eloges historiques des Académiciens , par
M. de Fontenelle. *Paris* , 1742. 2 *vol. in-*
12.

Bibliographie , ou histoire & descriptions des
Livres.

686 Traité des plus belles Bibliothéques de
l'Europe , par Jean le Gallois. *Paris* , 1680.
1 *vol. in-8.*
687 Histoire générale des Auteurs Sacrés &
Ecclésiastiques , par D. Remy Ceillier , Bé-
nédictin. *Paris*, 1729. 18 *vol. in-4.*
688 Bibliothéque ancienne & moderne , par
Jean le Clerc. *Amsterdam* , 1714. 9 *vol. in-*
16.
689 Bibliothéque universelle & historique de-
puis 1686. & suivante , par le même. *Amster-*
dam, 1686. 9 *vol. in-16.*
690 Nouvelles de la République des Lettres ,
depuis le mois de Mars 1684. jusqu'au mois
d'Avril inclusivement de 1689. & reprend
au mois de Janvier 1699. jusqu'au mois d'Oc-
tobre 1707. inclusivement. *Amsterdam*, 1684.
29 *vol. in-12.*
691 Histoire des Ouvrages des Sçavans , par
Basnage , depuis le mois de Septembre 1687.

jufqu'en 1706. inclufivement. *Rotterdam*,
21 *vol. in-16.*

692 Mémoires de Littératures , par Albert-
Henry de Sallengre. *La Haye*, 1715. 2 *vol.*
in-8.

693 Continuation des Mémoires de Littératu-
re & d'Hiftoire de Sallengre, (par le P. des
Molets.) *Paris*, 1726. 3 *vol.*

694 Bibliothéque Françoife , ou Hiftoire de la
Littérature Françoife , par Pierre - Claude
Goujet. *Paris*, 1741. 14 *vol. in-12.*

Vies des Perfonnes illuftres.

695 Les Vies des Hommes illuftres, Grecs &
Latins, comparées l'une avec l'autre par Plu-
tarque. *Paris*, 1578. 2 *vol. in-8.*

696 Les Hommes illuftres par Perrault. *Paris*,
1701. 2 *tomes en un vol. in* 12.

697 Les Eloges des Hommes fçavans, tirés de
l'Hiftoire de M. de Thou , avec des additions
de leurs Vies, par Antoine Teiffier. *Leyde*,
1715. 4 *vol. in-12.*

698 Auteurs déguifés par Adrien Baillet. *Par.*
1690. 1 *vol. in-12.*

699 Les Enfans devenus célébres par leurs
études, ou par leurs écrits, par Adrien Bail-
let. *Paris*, 1688. 1 *vol. in-12.*

700 L'Hiftoire d'Apollonius de Thiane. *Paris*,
1705. 1 *vol. in-12.*

701 Hiftoire de la Vie & des Ouvrages de
M. de Salignac-Fenelon, par Mich. And.
Ramfay. *Amfterdam*, 1727. 1 *vol. in-12.*

702 Vie de Nicolas Pavillon, Evêque d'Alet.
Utrecht, 1739. 3 *vol. in-12.*

703 La Vie d'Edmond Richer, par Baillet.
Amsterdam, 1715. 1 *vol. in-*12.

703 * Vie du P. Paul, de l'Ordre des Servi-
teurs de la Vierge, trad. de l'Italien. *Leyde
Elzevir*, 1661. *in-*16.

704 La Vie de Ruffin, Prêtre de l'Eglise d'A-
quilée. *Paris*, 1724. 2 *vol. in-*12.

705 La Vie du Pere Antoine Possevin, de la
Compagnie de Jesus. *Paris*, 1712. 1 *volume
in-*12.

706 Vie de F. de Paris. 1733. 1 *vol. in-*
12.

707 Mémoires sur la Vie de Jean Racine,
(donnés par M. Racine le fils.) *Geneve*,
1747. 2 *vol. in-*12.

708 Idée de la Vie & de l'Esprit de M. Tille-
mont. *Nancy*, 1706. 1 *vol. in-*12.

Dictionnaires historiques.

709 Dictionnaire de Bayle. *Amsterdam*, 1730.
5 *vol. in-fol.*

710 Dictionnaire historique de Moreri. *Paris*,
1732. avec les deux Supplémens de M. l'Abbé
Goujet, 1735. & suiv. 10 *vol. in-fol.*

CATALOGUE

DES

ESTAMPES.

1 LES Conquêtes de Louis XIV. ou descriptions & plans des Batailles, des Siéges & des Villes, avec les portraits des Princes, des Généraux, &c. par le Chevalier Beaulieu. 1 vol. in fol. M. R. D. S. T.

2 Fêtes de Strasbourg, pour la Convalescence du Roy. 1 vol. grand infol.

3 Description des Fêtes données par la Ville de Paris, à l'occasion du mariage de Madame Louise-Elisabeth de France, & Dom Philippe, Infant & Grand d'Espagne. 1 vol. infol. M. R.

4 Le Labyrinthe de Versailles, avec les figures de le Clerc, de la bonne édition, *avant que les Estampes ayent été chiffrées, très-rare de cette façon. Paris*, Imp. Royale, 1679. 1 vol. in-8.

5 Les Tapisseries du Roy, où sont représentés les quatre Elémens & les quatre Saisons, accompagnées de leurs devises, gravées par le Clerc. *Paris*, Imp. R. 1670.

— L'on y trouve à la suite les quatre Tapisserie rares de l'Histoire du Roy, gravées par le même, d'après le Brun. 1 *vol. in-fol V.*

6 Recueil d'Estampes dans lequel est contenu

le grand escalier de Versailles avec la Fran-
che-Comté, les tableaux de la voûte de la
gallerie du petit appartement, & le Dôme
du Val de Grace. 1 *vol. in-fol.*

7 La Gallerie de Fontainebleau, connue sous
le titre des travaux d'Ulysse, peinte par
Nicolo, & gravée par Van-Thulden. 1 *vol.
in-fol. oblong.*

8 La Gallerie de Luxembourg peinte par Ru-
bens, & dessinée & gravée par Natier, Du-
change, & autres. 1 *vol. in-fol. V.*

9 Recueil d'Estampes d'après les plus beaux
tableaux & desseins qui sont en France,
dans le Cabinet du Roy, dans celui de M. le
Duc d'Orleans, &c. vulgairement appellé *le
Recueil de M. Crozat. Paris*, 1729. 2 *tomes
en un vol. in-fol. V.*

10 Les tableaux Italiens du cabinet de l'Archi-
duc Léopold, mis au jour par David Tenie-
res. *Bruxelles*, 1660. 1 *vol. in-fol. V.*

11 La Gallerie du Carache, peinte à Boulo-
gne, dans le Palais Magnani, représentant
l'histoire de Remus & Romulus. 1 *vol. in-fol.
oblong. en parchemin.*

12 Palais & Fontaines de Rome. 1 *vol. in-fol.
oblong.*

13 Les bas-reliefs de la colonne Trajane, & de
la colonne Antonine, avec le supplément de
ladite colonne, dessinés & gravés par Pietre
Sante Bartoli, & accompagnés d'explica-
tions par le Bellori. *Edition de Rome*, 3 *vol.
in-fol. oblong. V.*

14 La colonne Trajane, gravée par Cesius.
1 *vol. in-fol. oblong.*

15 Les bas-reliefs de François Perier. *Rome*,
1645. 1 *vol. in-fol. oblong.*

16 Les ruines & antiquités de Rome, gravées par Sadeler. 1 *vol. in-fol. oblong. V.*

17 Palais de Rome par Falda. 1 *vol. in-fol. oblong V.*

18 L'œuvre de Vandermeulen des plus complets ; on y a joint tous les payfages grands & petits, études de chevaux, & autres, qui peuvent entrer dans cet Oeuvre. Il contient 126 morceaux. 1 *vol. in-fol. V.*

19 Recueil d'Eftampes d'après Watteau, au nombre de 53 piéces. 1 *vol. in-fol. V.*

20 Les portraits des plus illuftres François & Etrangers de l'un & l'autre fexe, avec les éloges fommaires de leur vie, par Pierre Daret, Graveur du Roy.

21 Les Hermites & Hermiteffes de Sadeler. Dans le même volume y eft joint la Vie de J. C. en plufieurs piéces, de Martin de Vos, & gravées par Colaert. 1 *vol. in-fol. oblong. Veau.*

22 Recueil d'Eftampes de différentes fuites de Martin de Vos, Martin Heemskerre, Pierre Brugle, & autres ; gravées par le Sadeler & Wierix, en 192 piéces compris les titres. 1 *vol. in-fol. oblong.*

23 Les Eftampes de la Jerufalem délivrée de Tempête. 1 *vol. in-4. oblong.*

24 Les Saints de Flandre, gravés par Corneille Vifchers. 1 *vol. in-fol.*

25 Les Chaffes de Stradan. 1 *vol. in-fol. oblong. Veau.*

26 Sept Eftampes repréfentant les Cérémonies des Franc-Maçons. 1 *vol. oblong.*

*Plusieurs Estampes de Raphaël, Rubens, Van-
dyck, & autres, montées sous verre & bordure
dorées, distribuées en plusieurs numeros.*

1 Deux Estampes des Pompes funèbres du Roy
d'Espagne & de Madame la Dauphine, par
Cochin fils.   — — — — 21

2 Trois portraits, dont Madame la Duchesse de
Nemours.   — — — — 6

3 Trois portraits, dont Monsieur l'Abbé Pu-
celle.   — — — 3

4 Trois Estampes de Dévotion, dont la Sainte
Famille de Raphaël.   — — — 5

5 Trois autres, dont la Manne du Poussin. — 5 8

6 Quatre autres, dont les quatre Peres de
l'Eglise, par Rubens.   — — — 4 12

7 Quatre, dont Sainte Cecile de Mignard, &
l'Annonciation du Dominiquain. — 9 9

8 Trois autres, dont l'Ascension de N. S. de
Rubens.   — — — 7 1

9 Quatre portraits, dont les différens âges de
Louis XIV.   — — — 3

10 Six autres, dont le Cardinal de Fleury. 4

11 Deux grandes vûes de Marseille, par Ri-
gaud.   — — — 7 5

12 Onze piéces des différentes vûes de Paris,
par Sylveftre.   — — — 2 17

13 Quatre Estampes, dont les illuminations de
la rue de la Feronnerie, de Cochin fils. - 6 4

14 Six Estampes, dont la rue Quinquempoix,
gravée par Duchange.   — 6 16

15 Plans & Vûes du Château de Veau-le-
Vicomte, gravés par Sylveftre. — — 7 7

F I N.

12
7. 6
9 13. 6

9 782014 463880